Ensino de português e Sociolinguística

Conselho Acadêmico
Ataliba Teixeira de Castilho
Carlos Eduardo Lins da Silva
Carlos Fico
Jaime Cordeiro
José Luiz Fiorin
Tania Regina de Luca

Proibida a reprodução total ou parcial em qualquer mídia
sem a autorização escrita da editora.
Os infratores estão sujeitos às penas da lei.

A Editora não é responsável pelo conteúdo da Obra, com o qual não necessariamente
concorda. Os Organizadores e os Autores conhecem os fatos narrados,
pelos quais são responsáveis, assim como se responsabilizam pelos juízos emitidos.

Consulte nosso catálogo completo e últimos lançamentos em **www.editoracontexto.com.br**.

Marco Antonio Martins
Silvia Rodrigues Vieira
Maria Alice Tavares
(organizadores)

Ensino de português e Sociolinguística

Copyright © 2014 do Organizador

Todos os direitos desta edição reservados à
Editora Contexto (Editora Pinsky Ltda.)

Foto de capa
Arte popular do Nordeste, por Gustavo S. Vilas Boas

Montagem de capa e diagramação
Gustavo S. Vilas Boas

Preparação de textos
Lilian Aquino

Revisão
Ana Paula Luccisano

Dados Internacionais de Catalogação na Publicação (CIP)
(Câmara Brasileira do Livro, SP, Brasil)

Martins, Marco Antonio
Ensino de português e sociolinguística / Marco Antonio
Martins, Silvia Rodrigues Vieira, Maria Alice Tavares (orgs.). –
1. ed., 1ª reimpressão. – São Paulo : Contexto, 2023.

Vários autores
Bibliografia.
ISBN 978-85-7244-868-0

1. Linguística 2. Português – Estudo e ensino
3. Sociolinguística I. Vieira, Silvia Rodrigues.
II. Tavares, Maria Alice. III. Título.

14-07474   CDD-469.07

Índices para catálogo sistemático:
1. Português : Estudo e ensino   469.07

2023

Editora Contexto
Diretor editorial: *Jaime Pinsky*

Rua Dr. José Elias, 520 – Alto da Lapa
05083-030 – São Paulo – SP
PABX: (11) 3832 5838
contato@editoracontexto.com.br
www.editoracontexto.com.br

Sumário

Apresentação 7

Contribuições da Sociolinguística brasileira
para o ensino de português 9
Marco Antonio Martins
Silvia Rodrigues Vieira
Maria Alice Tavares

O ensino de português e a variação linguística em sala de aula 37
Stella Maris Bortoni-Ricardo
Maria do Rosário Rocha

Variação fonético-fonológica e ensino de português 57
Juliene Lopes Pedrosa

Variação morfossintática e ensino de português 81
Silvia Rodrigues Vieira
Gilson Costa Freire

Variação linguística e os livros didáticos de português 115
Ricardo Joseh Lima

Avaliação das variantes: atitudes e crenças em sala de aula 133
Lucia Cyranka

Bibliografia 157

Os organizadores 167

Os autores 169

Apresentação

Um dos maiores desafios enfrentados pelo professor de português nos níveis fundamental e médio é quais saberes gramaticais devem ser efetivamente acionados na escola. É comum confundir o ensino de português com ensino de uma norma padrão homogeneizadora e abstrata, que em nada se aproxima dos diferentes usos efetivos da língua nas mais variadas situações de expressão sociocultural no país. Isso leva a dois grandes problemas, correlacionados entre si, que em muito têm prejudicado o ensino de português como língua materna: o preconceito linguístico e a falta de orientação quanto à multifacetada diversidade linguística brasileira a ser considerada na sala de aula.

As orientações oficiais propõem como alguns dos objetivos do ensino de Língua Portuguesa o reconhecimento e o respeito às variedades linguísticas, que permitam aos alunos utilizar a língua em diferentes modalidades e em diversos registros, adequando-a às mais variadas situações de comunicação. Essas mesmas orientações, no entanto, ainda não se aplicam ao universo homogeneizador da língua escrita e ao que se tem chamado de língua ou norma padrão, relegando à variação e à diversidade – inerente a toda e qualquer norma linguística – o lugar do estereotipado e do socialmente marcado. Assim, perpetua-se o preconceito linguístico sob o mito de que existe uma única norma. Resulta, então, uma lastimável cultura de substituição da variedade linguística do aluno, e não da desejável ampliação de seu repertório.

A necessidade de um ensino de português pautado na reflexão sobre a realidade sociolinguística brasileira, em que convivem diferentes normas e variedades regionais, sociais e estilísticas, é, ainda, um fato premente e descortina inúmeras questões relevantes para o professor em sala de aula: (1) Como articular a diversidade linguística com o ensino de português? Ou, ainda, qual (ou quais) norma(s) ensinar? (2) Qual a influência de processos fonético-fonológicos da modalidade oral do português brasileiro na aquisição da escrita? Como lidar na sala de aula com essa influência? (3) Qual o papel da ação escolar sobre o processo de aquisição da modalidade escrita do português brasileiro, evidenciada, por exemplo, na exigência de emprego de determinadas estruturas morfossintáticas incomuns na fala espontânea? (4) Qual o tratamento dispensado à variação linguística no Programa Nacional do Livro Didático (PNLD), considerando a superficialidade com que ela é, ainda, abordada nos manuais didáticos? E (5) Qual o papel da escola na construção de crenças e atitudes positivas dos alunos em relação aos usos que eles costumam fazer do português brasileiro?

Este livro, de forma articulada, traz a público, em cada um de seus capítulos, respostas objetivas a essas relevantes questões, pautas imprescindíveis ao exercício dos professores nos ensinos fundamental e médio. Essas respostas direcionadas aos professores de língua materna e, através deles, aos alunos, promovem naturalmente o combate ao preconceito linguístico, ao sistematizar, na sala de aula, a diversidade existente no português brasileiro, considerando a pluralidade de normas que o configuram, matizadas por diferentes regiões geográficas, papéis sociais distintos, várias modalidades e registros, configurados em diversos gêneros textuais.

* * *

Os achados da Sociolinguística brasileira, e em particular dos pesquisadores vinculados ao Grupo de Trabalho (GT) em Sociolinguística da Associação Nacional de Pós-graduação e Pesquisa em Letras e Linguística (Anpoll), permitiram traçar um panorama de diferentes variedades do português falado e escrito no Brasil fundamental à reformulação das diretrizes dos Parâmetros Curriculares Nacionais (PCNs). Cientes do impacto dessas pesquisas no âmbito da sala de aula, os autores deste livro reúnem resultados oriundos de um ramo de trabalho especificamente relacionado ao *ensino de português*, voltado, sobretudo, para o tratamento pedagógico dos fenômenos variáveis. Assim, a obra fornece, sob o olhar da Sociolinguística, a um só tempo, reflexões fundamentadas em resultados científicos e sugestões para que professores de português construam uma prática pedagógica produtiva, porque não só atenta à multifacetada realidade sociolinguística brasileira, mas também consciente de seu papel de ampliação da competência comunicativa de seus alunos.

Contribuições da Sociolinguística brasileira para o ensino de português

Marco Antonio Martins
Silvia Rodrigues Vieira
Maria Alice Tavares

Um dos maiores desafios das aulas de Português diz respeito, sem dúvida, ao tratamento da variação linguística e, fundamentalmente, aos saberes gramaticais – permeados por diferentes normas linguísticas – que devem estar presentes na escola. Com o amplo acesso dos brasileiros aos bancos escolares, especialmente no primeiro nível do ensino fundamental, a multifacetada realidade brasileira, em todas as suas expressões socioculturais, reflete-se na produtiva e saudável convivência de diversas variedades linguísticas na vida escolar. Conhecer essa realidade plural ocupou e ocupa a agenda dos estudos sociolinguísticos brasileiros, cujos resultados vêm sendo expostos, há meio século, em eventos da área e em publicações diversas no país e no exterior.

Se, de um lado, as orientações oficiais propõem como alguns dos objetivos da área de Língua Portuguesa "conhecer e respeitar as diferentes variedades linguísticas do português falado" e "utilizar diferentes registros, inclusive os mais formais da variedade linguística valorizada socialmente, sabendo adequá-los às circunstâncias da situação comunicativa de que participam" (Brasil, 1997: 33), de outro, formulam como "objetos privilegiados de ensino-aprendizagem", "a língua escrita e o que se tem chamado de língua padrão" (Brasil, 1998: 33).

Como o conhecimento acumulado pelos estudos sociolinguísticos brasileiros pode auxiliar no cumprimento desses objetivos e dar conta desses objetos do ensino de Português no país? Este livro – e este capítulo introdutório, de forma explícita – pretende dar respostas a essa questão.

Contribuições gerais da Sociolinguística ao ensino de língua

Do conhecimento provido pelos pressupostos da Sociolinguística Variacionista, e com especial atenção pelos estudos desenvolvidos no Brasil, pelo menos três grandes contribuições – desenvolvidas a seguir – merecem destaque:

(i) definição apurada de conceitos básicos para o tratamento adequado dos fenômenos variáveis;
(ii) reconhecimento da pluralidade de normas brasileiras, complexo tecido de variedades em convivência; e
(iii) estabelecimento de diversas semelhanças entre o que se convencionou chamar "norma culta" e "norma popular", não obstante os estereótipos linguísticos (cf. Labov, 1972a) facilmente identificados pela maioria dos falantes.

Conceitos básicos para o tratamento da variação linguística na prática escolar

Por ser do interesse de todos, a variação linguística tem sido objeto da apreciação de especialistas e não especialistas, de orientações bastante diversas, que, sob olhares igualmente diversificados, acabam por conceituar e/ou nomear de modo distinto elementos fundamentais à compreensão do fenômeno. Resulta dessa prática uma variedade de concepções acerca das chamadas normas linguísticas, especialmente as que se referem aos termos "culta" (normalmente oposto a "popular") e "padrão" (cf. Faraco, 2008). Com base na descrição apurada da realidade brasileira, a Sociolinguística pôde aprofundar os limites dessas noções e propor o uso criterioso desses termos. Essa experiência sinaliza que a descrição dos usos linguísticos pode ser, muitas vezes, o melhor caminho para traçar um bom aporte teórico: essa primeira contribuição da área ao ensino de Português é, portanto, de natureza conceitual.

Não poucas vezes, os professores de Português, buscando aprimorar a prática de produção textual de seus alunos, apontam que determinados usos estão inadequados ao padrão esperado para o texto escrito. Ao justificar suas correções, o profissional de ensino acaba por atribuir o problema relativo ao uso de certa expressão ou estrutura a uma das seguintes razões: (a) "ela não pertence à norma culta ou à norma padrão (ou, ainda, à língua culta ou à língua padrão)"; (b) "ela é da fala, e não cabe na modalidade escrita"; (c) "ela é informal, e não cabe no texto formal". Convém assinalar que, por vezes, a correção da mesma expressão ou estrutura recebe, na sala de aula, qualquer das três justificativas ora elencadas.

Esses limites imprecisos entre "norma", "modalidade" e "registro" não são propriedade exclusiva do discurso dos professores; na própria área científica e nas orientações oficiais do Ministério da Educação e Cultura (MEC), para a área de Língua Portuguesa, também se verifica a necessidade de delimitação conceitual. A esse respeito, o conhecimento amplo da realidade brasileira permite postular alguns fortes princípios que devem nortear a prática do professor de Português:

(a) As concepções de normas podem ser estabelecidas em dois planos: o idealizado e o concreto

Da polissemia do termo *norma*, convém estabelecer duas concepções gerais: uma do nível da idealização do que configuraria um modelo para determinado grupo de usuários da língua (*norma idealizada, abstrata, subjetiva*); e outra do nível da concretização, dos usos mais produtivamente preferidos em determinada comunidade de fala (*norma de uso, concreta, objetiva*).

À primeira dessas concepções, costuma-se atribuir, muitas vezes, um perfil *normativo*, com intenção de regular o comportamento social, seja por parte da tradição gramatical (aquela que objetiva estabelecer um modelo clássico, mais especificamente para a escrita literária, conhecido normalmente como *norma gramatical* ou *norma-padrão*), seja por parte de grupos de usuários da língua (uma *norma-padrão* assumida por elites socioculturais para uniformizar a fala e sobretudo a escrita de prestígio; uma norma cuja idealização nem sempre coincide com a que fundamenta *a norma-padrão gramatical,* mas tende a dela se aproximar).

À segunda dessas concepções, cabe o perfil daquilo que é *normal, costumeiro*, na prática das comunidades de fala, configurando, assim, efetivas variedades linguísticas. Nesse sentido, *norma* aqui corresponde ao conjunto de usos linguísticos mais produtivos, preferenciais na fala (e na escrita) de certos grupos de falantes. Quando se trata de comunidades de fala com prestígio social – aquelas que pertencem aos meios urbanos, que dominam a cultura escrita, típica dos escolarizados, especialmente a aplicável em registro formal –, atribui-se a essas variedades o rótulo de *norma(s) culta(s) (de uso)* ou *variedades cultas*;[1] em oposição a essas variedades, quando se trata dos usos praticados por falantes não escolarizados, atribui-se a elas o rótulo de *normas populares* ou *variedades populares*.

Embora nunca se espere resolver o problema da variação de terminologia para essas concepções relacionadas ao vocábulo *norma*, entende-se que, na tradição linguística, a oposição que mais produtivamente tem sido utilizada para tratar dessas duas concepções em relação ao que seria prestigiado socialmente, a ser promovido na prática escolar, seria a seguinte: *norma-padrão* (o padrão idealizado) vs. *norma culta* (o padrão de uso).

Aqui também, ao que tudo indica, se nota um descompasso entre o que propõe a Sociolinguística e o que pratica o profissional de Língua Portuguesa. Não raras vezes, observam-se professores preferindo o termo *norma culta* para o que acaba de se identificar como *norma-padrão*. Assim, são corriqueiras frases como a que se segue: "isso não pode ser usado no seu texto, porque não pertence à norma culta". Obviamente, a expressão "norma culta" assim empregada não se refere, na maior parte das vezes, ao que é praticado por falantes escolarizados (*norma culta de uso*); antes, traduz o que o professor julga ser correto, pertencente à *norma-padrão* por ele idealizada, inspirado no que diz a norma-padrão gramatical. É importante assinalar que nem sempre os ideais normativos propostos pela escola e os apresentados pela tradição gramatical coincidem.[2]

Feitos os devidos esclarecimentos conceituais, é preciso refletir sobre a norma em que o professor de Português vai se basear em suas atividades diárias de orientação dos alunos na prática pedagógica. Em primeiro lugar, constitui um fato sociocultural – e, por extensão, sociolinguístico – que os usos linguísticos são valorados pelos usuários dos mais diversos perfis. Isso significa dizer que as expressões linguísticas efetivamente utilizadas por um grupo de falantes – independentemente da norma utilizada –, embora sejam todas cientificamente legítimas e igualmente válidas, são avaliadas naturalmente como prestigiosas (bonitas, corretas, agradáveis, dentre outros qualificativos) ou desprestigiosas (feias, erradas, desagradáveis).

Segundo o quadro teórico sociolinguístico (Labov, 1972a), há fatos linguísticos que não recebem avaliação de determinada comunidade de fala e são usados de forma inconsciente (indicadores); há outros que recebem avaliação positiva/negativa a depender do contexto em que estão inseridos, de modo que situações mais formais acabam por alterar a opção do falante (marcadores); e outros, ainda, que sempre recebem avaliação no nível absoluto da consciência do falante, de modo que constituem traços estigmatizantes (estereótipos).

Ao professor, cabe conhecer o perfil das variantes com que lida diariamente nas produções de seus alunos, avaliar sua natureza e orientar os estudantes na busca da adequação dos textos que produzem em relação ao gênero e à situação interacional em que se encontram e no reconhecimento das variantes pouco familiares nos textos que leem e interpretam na sala de aula. Em outras palavras, é preciso que o professor domine um contínuo de normas que, segundo Bortoni-Ricardo (2004, 2005, 2008), vai (i) do mais monitorado/formal ao menos monitorado/informal (contínuo de monitoração estilística); (ii) do mais rural ao mais urbano (contínuo de urbanização); e (iii) do mais oral ao mais escrito (contínuo de oralidade-letramento).

Em outras palavras, cabe dizer que aquilo que a escola idealiza como "norma culta" é, na realidade, um composto de usos que se projeta, segundo Faraco (2008), na interseção entre o mais monitorado, urbano e escrito. Valendo-se dos três contínuos mencionados, pode-se traçar um novo que sinalizaria, na realidade, normas que vão das mais cultas às mais populares.

Ao professor, cabe, no papel que lhe foi confiado: (i) dar orientações seguras nas atividades de produção textual, valendo-se das preferências pautadas nas efetivas normas de uso brasileiras faladas e escritas; (ii) promover, nas atividades de leitura e de escrita dos mais diversos gêneros, o reconhecimento de usos linguísticos pouco familiares à comunidade de fala a que pertencem seus alunos, por serem esses usos pertencentes a outras variedades, prestigiadas ou não, ou, ainda, a outras sincronias.

(b) **Fala e escrita praticam normas diferentes**

Qualquer que seja a norma praticada, é fundamental que o professor reconheça as diferenças entre fala e escrita. Assim, por exemplo, a fala praticada por indivíduos com alta escolaridade difere da escrita praticada por esses mesmos indivíduos. Diversos estudos sociolinguísticos têm demonstrado essa diferença. A seção "Contribuições da sociolinguística brasileira" deste capítulo introdutório apresenta produtivos resultados que auxiliarão a prática do professor no reconhecimento dos fenômenos linguísticos envolvidos na distinção fala *vs.* escrita.

(c) **Norma é diferente de registro; modalidade é diferente de registro**

Por mais óbvio que pareça, nem sempre se apresenta com clareza a distinção entre *norma* e *registro*, ou, ainda, *modalidade* e *registro*, de modo que, em algumas práticas pedagógicas, os alunos são erroneamente levados a pensar que a variação de registro (ou grau de formalidade) seja propriedade exclusiva de certa norma ou de determinada modalidade.

Embora seja verdadeira a concepção de que os modelos de norma-padrão se estabeleçam a partir do que é idealizado em registro formal, não é igualmente verdadeira a correlação, no que se refere ao plano dos usos linguísticos, entre normas cultas e registros formais, ou entre normas populares e registros informais. Em outras palavras, é preciso assumir que tanto falantes que dominem variedades cultas quanto falantes que façam uso de variedades populares variam quanto ao grau de formalidade. Sem dúvida, o repertório de recursos para a prática dessa variação pode ser mais limitado em um caso do que em outro.

Da mesma forma, não é produtivo associar, de forma automática, a modalidade falada com o registro informal, e, de outro lado, a modalidade escrita com o registro formal. Essa associação também nega a autonomia de cada contínuo de variação que caracteriza a complexa realidade sociolinguística brasileira. Ademais, empobrece o manejo e o reconhecimento da produtiva variação de registro que devem estar presentes nas aulas de Português, seja em gêneros textuais falados, seja em gêneros textuais escritos.

Reconhecimento de uma norma culta plural: a variedade de usos na prática de leitura e produção de textos orais e escritos

Dos esclarecimentos conceituais pontuados anteriormente na seção "Conceitos básicos para o tratamento da variação linguística na prática escolar" parece natural reconhecer a pluralidade de normas que compõem o tecido sociolinguístico das diferentes línguas naturais, e dentre elas a do português brasileiro (PB). Com base nesse reconhecimento, é inegável, ainda, postular a improdutividade de concepções homogeneizantes de normas, sejam elas de uso (normas cultas), sejam elas padrões idealizados pelo professor em sua prática escolar (normas-padrão). Num ou noutro caso, trata-se de flagrante heterogeneidade na sala de aula: não só se registram usos cultos diferentes na fala e escrita brasileiras, mas também se avaliam diferentemente as produções escolares.

Nesse contexto, o professor de Língua Portuguesa precisa (re)conhecer essa pluralidade de normas com as quais efetivamente terá de trabalhar na sala de aula. Para que o processo de ensino-aprendizagem faça sentido e tenha efeito nas práticas escolares, a realidade linguística multifacetada do português brasileiro – na produção de textos escritos e orais – tem de ser apresentada/reconhecida/trabalhada. E a Sociolinguística brasileira tem apontado para a necessidade do mapeamento dessa pluralidade no ensino de Língua Portuguesa. Esse trabalho se reflete nos capítulos deste livro e em outras publicações na área (Görski e Coelho, 2006; 2009; Vieira e Brandão, 2007; Martins e Tavares, 2013; Martins, 2013a e b).

Sem o efetivo reconhecimento e trabalho com diferentes normas – contemplando *por que*, *como* e *quando* as expressões linguísticas significam o que significam –, o ensino de Português pode acabar por considerar padrões de usos linguísticos absolutamente artificiais ou, ainda, constituir uma atividade inócua voltada à repetição de uma metalinguagem, práticas que em nada contribuem com a necessária ampliação das competências de leitura e de produção de textos.

Reconhecimento das semelhanças entre variedades cultas e populares

Outra grande contribuição dos estudos sociolinguísticos ao mapeamento da realidade linguística brasileira diz respeito ao reconhecimento do grande número de estruturas partilhadas pelos falantes, na maior parte das vezes urbanos, das variedades populares e das variedades cultas. Ao que tudo indica, as semelhanças entre essas variedades são, em termos quantitativos, maiores do que as diferenças. Desse modo, os estudos permitiram apontar que, em diversos fenômenos, a chamada fala popular não se distingue efetivamente da chamada fala culta.

Assim, é fundamental que o profissional de ensino de Língua Portuguesa seja capaz de reconhecer os traços que são descontínuos e que efetivamente caracterizam o falante rural e/ou não escolarizado do falante urbano e/ou escolarizado. Esses traços – como a ausência de marca de pluralidade em algumas construções ou o rotacismo, por exemplo – são responsáveis pela avaliação subjetiva do que se concebe como culto ou popular, prestigioso ou não prestigioso socialmente. São esses traços, na maioria das vezes estereótipos linguísticos (além dos traços específicos da escrita), que, via de regra, fazem com que os usuários da língua, alunos e professores, tenham a sensação de que há enormes diferenças entre o português que se fala e o português que se ensina; assim, acabam por considerar, lamentavelmente, que "se fala muito mal a língua portuguesa no país".

Contribuições da Sociolinguística brasileira: alguns exemplos morfossintáticos e discursivo-pragmáticos

Apresentamos, nesta seção, algumas contribuições da Sociolinguística brasileira à descrição de fenômenos variáveis nos níveis morfossintático e discursivo-pragmático do português. Esclarecemos, no entanto, que, dada a grande produção na área, elegemos apenas alguns fenômenos cujos resultados já apresentam uma consistente descrição dos padrões característicos de diferentes variedades – e, consequentemente, de normas distintas. Nosso objetivo primeiro, portanto, longe de apresentar um panorama exaustivo de diferentes estudos, é sistematizar resultados gerais a fim de disponibilizar material para o professor em sala de aula no ensino de Português, sobretudo, nos níveis fundamental e médio.

O sistema dos pronomes pessoais

Um dos aspectos muito estudado e descrito em diferentes variedades – ou normas – do português brasileiro diz respeito ao sistema dos pronomes pessoais, mesmo porque nele se têm diagnosticado significativas mudanças, frequentemente associadas à "migração" das formas "você/vocês" e "a gente" para o quadro dos pronomes pessoais (Menon, 1995; Faraco, 1996; Lopes, 1999, 2009a, b; Lopes e Cavalcante, 2011). No vasto quadro já posto pela literatura sociolinguística brasileira sobre o sistema pronominal, numa perspectiva sincrônica ou diacrônica, é certo que, no universo das formas encontradas para as referências aos pronomes sujeitos e complementos nas normas várias do português brasileiro, há uma uniformidade no sistema dos pronomes pessoais – desde aquelas que configuram as variedades/normas cultas até as variedades/normas populares.

Considerando os muitos estudos já realizados sobre o assunto, apresentamos e destacamos, no quadro 1, a seguir, a sistematização feita por Duarte (2013,[3] p. 120) a fim de se fazer reconhecer a contribuição da Sociolinguística brasileira para a descrição do português falado e escrito no Brasil. Em se tratando especificamente de um mapeamento da variação entre *você (e variantes)* e *tu* e entre *nós* e *a gente* no português brasileiro falado na atualidade, remetemos à leitura de, respectivamente, Scherre et al. (no prelo) e Viana e Lopes (no prelo).

Quadro 1 – Os pronomes pessoais sujeitos e complementos no português brasileiro contemporâneo – adaptado da sistematização feita por Duarte (2013: 120).

Pessoa	Pronomes sujeitos	Pronomes complementos		
		Acusativos	Dativos	Oblíquos
P1	eu	me	me	mim, comigo
P2	tu, você	te, lhe, **o, a, se**, tu, você	te, lhe, (a/para) você	ti, contigo, **si, consigo**, (com) você
P3	ele, ela	**o, a, se**, ele, ela	**lhe**, (a/para) ele/ela	**si, consigo**, (com) ele/ela
P4	nós, a gente	**nos**, nós, a gente	**nos**, (a/para) nós (a/para) a gente	**conosco**, (com) nós (com) a gente
P5	vocês	**os, as, se**, vocês	**lhes**, (a/para) vocês	(com) vocês
P6	eles, elas	**os, as, se**, eles, elas	**lhes**, (a/para) eles	**si, consigo**, (com) eles/elas

Como se pode observar, somente para P1 parece haver uma distribuição equilibrada entre diferentes formas para os pronomes sujeitos e complementos: forma não oblíqua morfologicamente marcada com nominativo (eu); formas oblíquas átonas morfologicamente marcadas com acusativo e dativo (me); e formas oblíquas tônicas (mim, comigo); muito embora haja registro em variedades populares/norma populares – de fala e de escrita – da forma **eu** em função acusativa (*Ela escolheu eu*) e da forma **mim** em função acusativa (*Ela mim viu*) ou dativa (*... e mim disse algumas verdades*).

Para todas as demais pessoas, as formas alternam-se entre **(i)** formas oblíquas átonas morfologicamente marcadas com acusativo ou dativo e demais formas oblíquas preposicionadas; e **(ii)** formas pronominais sem correspondentes oblíquas usadas em todas as funções – sublinhadas no quadro 1. Dentre as formas oblíquas correspondentes a P2, P3, P4, P5 e P6, muitas delas – **em negrito no quadro 1** – estão condicionadas, como muito bem adverte Duarte (2013: 120), a usos mais restritos "a certos grupos sociais ou mesmo em extinção na fala espontânea". É o caso dos pronomes **o, a, os, as** acusativos de P2, P3, P5 e P6; **lhe** dativo de P3 e **lhes** dativo de P5 e P6; os oblíquos **si** e **consigo** de P2 e P3 e P6 e **conosco** de P4. O **te** acusativo e dativo de P2 é uma forma ainda bastante recorrente na fala e na escrita, coocorrendo com o **lhe** em usos marcados por variáveis estilísticas e diatópicas.[4]

A herança latina de marcação de caso morfológico no sistema dos pronomes pessoais não parece ser mais uma realidade geral no português brasileiro. Nem todos os pronomes pessoais se desdobram em formas morfologicamente marcadas com nominativo, acusativo e dativo. Quanto àqueles que ainda se desdobram, tais formas estão restritas a certos usos e precisam ser recuperadas pela escola, pois não fazem mais parte da gramática vernacular adquirida pela criança. Nesse novo sistema pronominal, sem marcação de caso morfológico – assim como acontece em P3 (ele/ela) e em P6 (eles/elas) – em P2 (tu/você), P4 (nós/a gente) e P5 (vocês) as formas oblíquas átonas e tônicas passam a coocorrer com as formas não oblíquas, e a marcação do caso (função sintática na oração) – nominativo, acusativo, dativo – é abstrata e se manifesta nas relações hierárquicas na sintaxe, especialmente nos padrões de ordenação dos constituintes na sentença. Os exemplos em (1) deixam evidente que o caso dos pronomes em questão depende da ordem/relação deles na sentença: se pré-verbal, está marcado com nominativo (1a), se pós-verbal com acusativo (1b).

(1) a. **Você/vocês/a gente/ele/ela/eles/elas** viu(viram) a Maria. – *nominativo*
 b. A Maria viu **você/vocês/a gente/ele/ela/eles/elas**. – *acusativo*

Nesse sentido, especificamente para tais formas, já não se pode falar em pronomes nominativos e pronomes acusativos, pois uma mesma forma pronominal, a depender da relação que estabelece com os demais constituintes da oração, assume função de sujeito ou função de complemento.

Nem mencionamos no quadro 1 o **vós** (e as formas de complemento a ele associadas) porque tais formas estão extintas da fala e da escrita no PB contemporâneo, em qualquer variedade. Quando usadas, encontram-se restritas a contextos muito particulares – como o religioso ou o literário – e não caracterizam nem de longe um padrão adquirido por brasileiros. As formas do sistema com **vós** nem mesmo são recuperadas pela escola – como ainda acontece com algumas formas oblíquas, como o caso das formas pronominais em negrito no quadro 1 –, uma vez que, quando aprendidas (se é que o são!), não são incorporadas à fala ou à escrita em situação natural de uso em *norma culta* ou em outras normas.

A síntese apresentada no quadro 1 é de fundamental importância para o (re)conhecimento e o ensino efetivo da norma culta falada e escrita do português brasileiro, de modo que não pode ficar mais restrita a publicações da área. Tal quadro deve ser discutido e trabalhado nos diferentes contextos de ensino e aprendizagem de Língua Portuguesa, para que um efetivo e frutífero resultado no ensino de português seja possível. Conhecer e entender como e por que o sistema dos pronomes pessoais se constitui é entender de fato o que significa e como opera um pronome pessoal na língua. Em vez de se reportar a uma lista exaustiva de formas aparentemente sem significação, cabe ao professor apresentar aos alunos os pronomes que são efetivamente empregados na língua materna, bem como aqueles que costumam ser empregados prioritariamente na escrita, além daqueles que se circunscrevem a contextos muito específicos, desta sincronia ou mais comumente de sincronias passadas, para que sejam reconhecidos e interpretados pelos alunos.

De uma vez por todas, é necessário assumir que, se um dos objetivos da escola é promover o padrão culto a ser praticado em textos orais e escritos em diferentes contextos e registros, todo o sistema de **vós** não faz parte do português brasileiro contemporâneo. Se o (re)conhecimento e, consequentemente, o ensino de um sistema de **vós** for necessário, o é para que o aluno consiga ler e conhecer textos de sincronias passadas. Admite-se, assim, que o português culto falado e escrito no Brasil na contemporaneidade, nem de longe, se resume ao paradigma do eu/tu/ele/nós/vós/eles.

A natureza e a representação do sujeito e do objeto

Muitos resultados de estudos em Sociolinguística variacionista têm evidenciado padrões de realização do sujeito e do objeto característicos do português brasileiro contemporâneo. Desde os trabalhos de Tarallo (1983; 1996), que apresentam a mudança segundo a qual o PB se distancia de outras línguas românicas por assimilar um sistema que licencia cada vez mais sujeitos preenchidos e cada vez menos objetos preenchidos, muitas pesquisas têm sido realizadas, de modo que já dispomos de um padrão de realização do sujeito e do objeto delineado no português contemporâneo escrito e falado no Brasil.

De modo geral, a discussão sobre a natureza e as propriedades do sujeito gramatical nas aulas de Português fica limitada à reprodução automática de definições e de classificações, prática que em nada contribui para o uso efetivo da língua em suas mais variadas manifestações ou para a reflexão sobre esse uso (Martins, 2013a). Em relação ao objeto nulo, então, absolutamente nada se fala. Assim, o conhecimento sobre o tema acumulado em mais de 40 anos de pesquisa sociolinguística no Brasil parece não sair dos artigos e livros publicados na/e pela academia.

O que pretendemos nesta seção é sistematizar aspectos da natureza e dos padrões de realização do sujeito e do objeto no português brasileiro contemporâneo, a fim de disponibilizar tal quadro para o professor de Português nos níveis fundamental e médio. Acreditamos, como já se confirmou, que o ensino ancorado em *por que*, *como* e *quando* as expressões linguísticas significam o que significam pode e muito contribuir para que o aluno tenha efetivamente o domínio consciente da escrita e da fala que contemplem diferentes normas.

A representação do sujeito pronominal

Indiscutivelmente, a representação expressa/não expressa do sujeito gramatical é uma propriedade que define/marca as línguas naturais. Apesar de toda língua apresentar obrigatoriamente sujeito, este pode vir quase sempre expresso – como no inglês (*it rains, it seems...*) e no francês (*il pleut, il semble...*) – ou quase sempre não expresso – ou nulo, como no italiano (*Ø piove, Ø parlo*) e no espanhol (*Ø llueve, Ø hablo*).

No português brasileiro, a representação expressa ou não do sujeito está associada à natureza desse elemento, a qual pode ser determinada, indeterminada (ou arbitrária) ou não referencial. Berlinck, Duarte e Oliveira (2009: 123), na *Gramática do Português Culto Falado no Brasil* (GPCF), que tomam por referência a fala culta de cinco capitais brasileiras – Porto Alegre/RS, São Paulo/SP, Rio de Janeiro/RJ, Salvador/BA e Recife/PE,[5] afirmam que "o português brasileiro atual apresenta um comportamento híbrido: prefere sujeitos referenciais expressos e os não referenciais nulos".

Os trabalhos de Duarte (1993, 1995, 2003, 2007a e b, para citar alguns) e Duarte, Mourão e Santos (2012) têm mapeado sincrônica e diacronicamente a preferência do PB pelo preenchimento do sujeito pronominal. No trabalho de 1993, tomando por base a análise de peças de teatro escritas no Rio de Janeiro ao longo dos séculos XIX e XX, Duarte apresenta resultados que evidenciam uma evolução na frequência de uso de sujeitos expressos, aparentemente condicionados pela pessoa gramatical: para a primeira e segunda pessoas, respectivamente, as taxas saem de 31% e 17% em textos do início do século XIX para 78% e 82% em textos do final do século XX; para a terceira pessoa, há um aumento, também significativo, de 7% no século XIX para 45% no século XX. Nas conclusões apresentadas pela autora, a redução no paradigma verbal (associada à inserção de novas formas no sistema pronominal – conforme exposto na seção "O sistema dos pronomes pessoais") seria um dos motivadores do não licenciamento e da não identificação da pessoa gramatical e, consequentemente, do maior preenchimento do sujeito pronominal. No processo de mudança, os traços semânticos [+/- humano e +/- específicos] do referente teriam um importante papel para a expressão dos sujeitos de terceira pessoa: quanto [+ humano e + específico], maior a tendência à representação expressa do sujeito.

Na sequência desse mapeamento, Duarte (1995) apresenta uma análise da fala culta carioca e identifica taxas muito próximas daquelas encontradas na segunda metade do século XX nas peças escritas. As taxas apresentam ainda uma significativa diferença quando considerada a pessoa gramatical: 91% de preenchimento da segunda pessoa; 75% da primeira; e 68% de preenchimento para os sujeitos [+ humanos e + específicos] de terceira pessoa.

A frequência na representação expressa dos sujeitos referenciais da fala culta brasileira confirma esse aumento. De acordo com os dados apresentados na GPCF, 78% dos sujeitos de referência determinada nas sentenças finitas são expressos e esse percentual é condicionado pela pessoa gramatical: para a primeira pessoa do singular, cf. exemplo em (2), o percentual de realização é de 76%; para a primeira pessoa do plural, os percentuais são de 78% para a forma **nós** e de 94% para **a gente** – de modo que essas duas formas aparecem em um mesmo enunciado, cf. (3); para a segunda pessoa do singular, a forma predominante na fala culta do Brasil é **você** com um percentual de 85% de preenchimento, cf. (4) – há na amostra apenas 9 ocorrências do pronome **tu** na fala de Porto Alegre, dentre as quais a maioria também aparece preenchido; para a segunda pessoa do plural, a forma **vocês** – a única encontrada – aparece 87% expressa, cf. (5); para a terceira pessoa do singular **ele/ela** e do plural **eles/elas**, os percentuais são respectivamente de 78% e de 71%, fortemente condicionados pelo traço [+/- humano] do referente – quando os referentes são [+ humanos], o percentual de preenchimento chega a 84%, cf. (6).

(2) Realmente **eu** tenho muito cuidado com esse problema de alimentação porque **eu** tenho uma facilidade enorme para engordar, sabe? (GPCF, 2009: 125)

(3) **Nós** não temos hábito justamente por **nós** não termos também condições financeiras. Aqui em casa **a gente** não tem por hábito de fazer quatro cinco seis pratos. (GPCF, 2009: 125)

(4) Aí João se **você** justificar da maneira, como **você** me respondeu, eu coloco correto. (GPCF, 2009: 127)

(5) **Vocês** têm a pergunta aí, não é? (GPCF, 2009: 127)

(6) Normalmente, quando a gente pede para [uma criança], de por volta de quatro a cinco anos desenhar uma mesa, **ela** põe o tampo que **ela** sabe que existe; **ela** põe as pernas para todos os lados. Por quê? Ora, se **ela** olhar de um determinado lado, **ela** vê duas pernas; se **ela** andar meio metro, **ela** vê outras duas pernas. Então **ela** põe pernas para todos os lados, por quê? Porque **ela** sabe que a mesa tem um tampo, que é onde **ela** põe as coisas e que a mesa está apoiada

em cima das pernas... Agora isso aqui **ela** jamais vai poder ver: essa imagem da mesa. Então é isso é o que **ela** sabe. **Ela** está desenhando o que **ela** tem na cabeça e não o que **ela** está vendo. (GPCF, 2009: 128)

Em relação aos sujeitos de referência indeterminada nas sentenças finitas, a representação expressa do sujeito gramatical também é a forma mais recorrente: 22% expressa pelas formas **nós** e **a gente** – cf. (7); 18,5% por **você** – cf. (8); 17% por **eles** – cf. (9); 14% por **se** – cf. (10). A não expressão do sujeito indeterminado, na terceira pessoa do singular ou plural, é pouco significativa na fala culta, de acordo com os dados apresentados na GPCF. No exemplo a seguir, todos com a forma *a gente*, fica evidente a preferência pela representação expressa do sujeito gramatical de referência indeterminada.

(7) bom eu gosto não dessas músicas modernas agora que **a gente** nem sabe como dançar... eu gosto de fox... de tango... valsa, não é?... bolero também, mas agora **a gente** não ouve mais isso nada, né?... é tão engraçado, o pessoal dança, um aqui outro lá, **a gente** procura, nem sabe quem é o par... da gurizada... (GPCF, 2009: 133)

(8) Eu acho que a arte do retrato é muito difícil porque aí **você** exige a semelhança, enquanto, se **você** está criando, **você** não precisa colocar nenhum padrão, a não ser o padrão da própria obra, certo? Quando **você** cria um retrato, **você** está dentro da função naturalista. **Você** quer criar uma semelhança, que todo mundo olhe e diga "olha a Elisabete Segunda da Inglaterra, como está parecida", certo? Então é mais difícil do que **você** criar uma figura de mulher qualquer que **você** pode distorcer da maneira que **você** bem entender, que **você** pode pintar de vermelho. (GPCF, 2009: 133)

(9) Agora em Salvador tem assim restaurantes muito bons. **Eles** estão incrementando muito o turismo lá e **eles** servem muito bem, sabe? (GPCF, 2009: 134)

(10) Se na mulher **se** retira os ovários, retirando portanto a fonte elaboradora do hormônio feminino, as glândulas mamárias elas se atrofiam. (GPCF, 2009: 134)

Como evidencia o conjunto de exemplos ora apresentados, ocorre o preenchimento de praticamente todos os pronomes de terceira pessoa, o que se correlaciona ao fato de que o referente é [+ humano]. Essa realidade será aquela com a qual qualquer professor costuma se deparar nos contextos de sala de aula, especialmente nas atividades de produção textual. São necessárias ferramentas para, em primeiro lugar, entender o que está por trás de tanto preenchimento da posição de sujeito gramatical, para, então, ser possível trabalhar a relação entre os usos praticados na fala das diversas variedades brasileiras e a aquisição da escrita padrão.

Os estudos supracitados demonstram, portanto, que os sujeitos não referenciais são um contexto de resistência para a expressão do sujeito pronominal, mesmo porque o português brasileiro não dispõe de uma forma pronominal expletiva, o que leva a não expressão do sujeito em sentenças com verbos climáticos (cf. (11a)), com verbos de alçamento – do tipo parecer (cf. (12a)) – e em sentenças existenciais com os verbos ter (cf. (13b)) e haver (cf. (13a)). Ainda assim, sem uma forma pronominal expletiva do tipo *it* do inglês ou *il* do francês, outras estratégias são mobilizadas pelo português brasileiro para evitar um expletivo nulo – o deslocamento de um sintagma adverbial ou um sintagma preposicional locativo ou temporal (cf. 11b), o alçamento do sujeito da sentença subordinada (cf. 12b), ou o uso de um pronome pessoal não referencial (cf. 13b e c).

(11) a. *Ø* choveu muito uma temporada quando a gente ia com o Sesc. (GPCF, 2009: 143)

b. **São Paulo** chove. **O Rio** faz sol. (GPCF, 2009: 143)

(12) a. *Ø* Parece que o Brasil tem quinze ou dezoito impostos. (GPCF, 2009: 143)

b. **Os alunos** parece que tomam conta dos professores, ao menos é o que eu ouço contar, né? (GPCF, 2009: 145)

(13) a. ... então *Ø* havia restaurantes que eles serviam assim um pouquinho de cada coisa... (GPCF, 2009: 143)

b. **você** tem frutas... **você** tem frios, eles servem suco, depois ainda servem café com leite. (GPCF, 2009: 149)

c. **Você** tem, em época de São João em Olinda, **você** ainda vê fogueira e como se vê fogueira! O olindense faz fogueira até em cima do calçamento. (GPCF, 2009: 143)

Como se pode observar, a tendência ao preenchimento do sujeito pronominal no PB vem sendo atestada mesmo em contextos com sujeitos não referenciais. Na verdade, há uma tendência segundo a qual a posição do sujeito, à direita do verbo, venha sempre preenchida, ou por um constituinte com a função gramatical de sujeito, ou por outro constituinte de natureza vária, como se pode constatar nos exemplos em (14), a seguir.

(14) a. **Natal** choveu muito em abril.

b. **Abril** choveu muito em Natal.

A representação do objeto direto

O português brasileiro apresenta diferentes estratégias de representação do objeto direto e os estudos sociolinguísticos no Brasil já apresentaram uma descrição bastante vasta dessas estratégias, quer sincrônica, quer diacronicamente. Um mapeamento de tais padrões na fala do português contemporâneo em diferentes regiões do país pode ser encontrado em Duarte e Ramos (no prelo). Apresentaremos, aqui, uma síntese dessas estratégias, com especial atenção ao objeto nulo, a fim de disponibilizar ao professor de Língua Portuguesa um panorama que inclui usos distintos associados a diferentes normas de uso e à norma-padrão.

Há várias formas de representação do objeto direto em português:[6] um pronome oblíquo átono (15a); um pronome não oblíquo (15b); um sintagma nominal (15c); um pronome nulo (15d); ou, ainda, uma oração completiva de verbo – ou oração subordinada substantiva objetiva direta (15e).

(15) a. A Maria **me/te/lhe/o/a/os/as/lhes** encontrou na rua.
    b. A Maria encontrou **(eu)/você/tu/ele/ela/(nós)/a gente/vocês/eles/elas** na rua.
    c. A Maria encontrou **a Marly** na rua.
    d. A Maria encontrou **Ø** na rua.
    e. A Maria disse **que encontrou todo mundo na rua.**

De acordo com a GPCF, no capítulo escrito por Cyrino, Nunes e Pagotto, sobre os complementos pronominais – conforme exemplos expressos em (15a e b) –, encontramos os seguintes padrões no português culto falado no Brasil: para a primeira pessoa do singular, o clítico **me** é a forma de realização do objeto direto (embora o pronome não oblíquo **eu** possa ser encontrado em algumas variedades); para a primeira pessoa do plural, as formas são o clítico **nos** e a forma não oblíqua **a gente** (embora mais uma vez o pronome não oblíquo **nós** também possa ser encontrado em algumas variedades); para a segunda pessoa do singular e do plural, as formas são, respectivamente, os clíticos **te**, **lhe** e o pronome **você** – sendo o **te** a forma mais recorrente –, e o pronome **vocês**; para a terceira pessoa singular e plural, os pronomes clíticos **o(s)**, **a(s)** e **lhe(s)** apresentam uma frequência muito baixa – "chegando mesmo à ausência em alguns contextos" (GPCF, 2009: 73) – e as formas não oblíquas **ele(s)** e **ela(s)** "são raras" na fala culta; ainda referente à terceira pessoa, aponta-se a ausência completa do clítico neutro **o**. Mas se por um lado as formas oblíquas marcadas com acusativo e as formas não oblíquas não são recorrentes, qual a estratégia mais utilizada para a retomada do objeto anafórico de terceira pessoa no português brasileiro contemporâneo?

Com a redução no sistema dos pronomes clíticos morfologicamente marcados como acusativos (conforme seção "O sistema dos pronomes pessoais"), outras estratégias de retomada dos objetos anafóricos se tornam mais recorrentes na fala (e na escrita) culta brasileira, dentre elas o objeto nulo (cf. 16). Na amostra considerada para os padrões descritos na GPCF, em 56% dos casos a estratégia de retomada do objeto direto anafórico de terceira pessoa é um pronome nulo, ilustrado por *Ø* no exemplo em (16).

(16) que aqui ainda se marca **estrada** com aqueles homens botando aquele negócio e pintando *Ø* à mão... (GPCF, 2009: 143)

Dentre as demais estratégias utilizadas na fala culta brasileira, estão a retomada por um sintagma nominal (26%), pelos pronomes **o(s)/a(s)** (12%) – sempre em próclise e retomando referentes [+ animados] na quase totalidade –, e, com uma frequência muito baixa, encontram-se ainda pronomes demonstrativos (4%) e os pronomes não oblíquos **ele(s)/ela(s)** (2%).

Esse quadro encontrado na fala culta brasileira contemporânea corrobora os resultados e as predições de estudos diacrônicos sobre o português brasileiro (cf. Cyrino, 1997, 2007; entre outros). Os resultados do estudo diacrônico em Cyrino (1997), em específico, mostram que há no curso do século XVI ao XX um significativo decréscimo na distribuição de posições preenchidas (de 89% no século XVI para 21% no século XX), e, consequentemente, um aumento de posições nulas (de 11% para 45%) do objeto direto anafórico. Nesse cenário, a mudança nas posições nulas atinge primeiro aqueles contextos cujo referente é sentencial, isto é, nos quais o referente poderia ser realizado pelo pronome neutro **o**, conforme exemplo em (17), para depois atingir aqueles contextos com referentes realizados por um sintagma nominal [- específicos], conforme exemplo em (18).

(17) A estátua: Desde 1863 não sei <u>o que se passa nos nossos teatros</u>.
Tribofe: Parece-me que o melhor é continuar a não saber *Ø*. (Arthur Azevedo, século XIX – Cyrino, 1997: 243)

(18) Guilhermina: Está faltando <u>um copo dos novos</u>, Dona Lurdes.
Lurdes: Se está faltando é porque você quebrou *Ø*. (Marques Rebello, século XX – Cyrino, 1997: 243)

Diante do que foi apresentado sobre a retomada do objeto direto no português brasileiro, é importante registrar que **(i)** na fala culta brasileira não há um percentual alto de pronomes não oblíquos **ele(s)/ela** – muito frequentemente associados ao padrão do português brasileiro; e **(ii)** a estratégia mais utilizada para a retomada do objeto anafórico é, de longe, aquela com objeto nulo. Tal quadro quase nunca é mencionado ou mesmo considerado no ensino de Português nos níveis fundamental e médio; ou seja, nada se fala sobre objeto nulo.

Fenômenos discursivo-pragmáticos

A variação linguística pode acontecer em qualquer nível da língua, do fonético-fonológico ao discursivo-pragmático. Recebem destaque, nesta seção, variáveis linguísticas deste último nível, caracterizadas por se situarem na fronteira entre a sintaxe e a pragmática. Segundo Tagliamonte (2012: 247), "tem havido, na sociolinguística, uma grande onda de interesse em recursos discursivo-pragmáticos ao longo dos últimos quinze anos". Embora mais recentes, as pesquisas que tomam como objeto de estudo variáveis de nível discursivo-pragmático já têm apresentado importantes contribuições no que tange à descrição e à análise de fenômenos que, não raro, sequer são mencionados por gramáticas normativas e livros didáticos.

Em uma lista não exaustiva, apontamos que, no que se refere ao português brasileiro, vêm sendo analisados como variantes de nível discursivo-pragmático itens linguísticos como: (i) requisitos de apoio discursivo (**sabe? entende? não tem? tá? certo?**) (Valle, 2001; Freitag, 2001a; Görski e Freitag, 2006; entre outros); (ii) marcadores de especificidade (**aí, lá**) (Confessor, 2013); (iii) modalizadores epistêmicos (**talvez, acho que, parece que**) (Freitag, 2001b; 2007); (iv) retificadores de conteúdo (**quer dizer, vamos dizer**) (Görski et al., 2003); (v) marcadores de chamada de atenção (**olha, vê**) (Rost-Snichelotto, 2009); e (vi) conectores sequenciadores (**e, aí, daí, então** etc.) (Silva e Macedo, 1996; Tavares, 2014).

Os conectores sequenciadores representam o fenômeno de nível discursivo-pragmático que conta, até então, com mais estudos concluídos – há pesquisas feitas desde o início da década de 1990 até bem recentemente. Trata-se, portanto, de um fenômeno que vem sendo largamente investigado no português brasileiro e, assim, já contamos com bastante conhecimento acumulado a respeito das tendências de distribuição linguística, social e estilística desses conectores, em especial de **e** e de **aí**. É sobre esses dois conectores que lançamos um olhar mais detido na seção seguinte, explorando as principais descobertas feitas por alguns pesquisadores, especialmente os que se voltaram para a análise de textos escritos, e mostrando como tais descobertas podem contribuir para o ensino de conectores nos níveis fundamental e médio de ensino.

Logo a seguir, damos espaço a dois fenômenos variáveis típicos da oralidade – a chamada de atenção e a requisição de apoio discursivo –, com o intuito de ilustrar a potencialidade dos estudos voltados à variação discursivo-pragmática no português brasileiro falado como fonte de informações para o professor substanciar a abordagem a essa modalidade da língua nas aulas de Português.

Os conectores sequenciadores e e aí

Abreu (1992) realizou um estudo pioneiro sobre a variação entre os conectores **e** e **aí** no português brasileiro. Com o objetivo de "analisar elementos conjuntivos, ou seja, elementos que fazem a ligação entre orações e partes maiores do texto, tendo em vista a coesão textual, conceito que trata da organização do texto" (Abreu, 1992: 10), a autora recorreu a um *corpus* composto por narrativas orais e escritas produzidas por quarenta estudantes cariocas com idades entre 9 e 15 anos. Considerando que os conectores **e** e **aí** cumpriam uma mesma função de interligação textual, Abreu submeteu essas formas a um tratamento estatístico que mostrou haver uma grande diminuição no emprego de **aí** nas narrativas escritas, em contraste com sua grande frequência nas narrativas orais. A autora apontou como fator determinante da baixa ocorrência de *aí* nas narrativas escritas o caráter estigmatizante que ronda seu uso, afirmando que "apesar de o uso deste elemento tanto por adultos quanto por crianças ser um fato até certo ponto natural, a sociedade culta, a escola o rejeitam" (Abreu, 1992: 10).

Görski e Tavares (2003) analisaram conectores sequenciadores em artigos de opinião, elaborados por candidatos ao vestibular 2001 da Universidade Federal de Santa Catarina, e em trechos de relatos de opinião produzidos em entrevistas sociolinguísticas orais por informantes florianopolitanos de 15 a 24 anos, entrevistas essas pertencentes ao Banco de Dados Variação Linguística na Região Sul do Brasil (Varsul). As autoras encontraram treze conectores nos textos escritos (e, aí, por isso, então, enfim, assim, portanto, sendo assim, pois, por fim, desta forma, em consequência, consequentemente), ao passo que, nos textos orais, encontraram apenas quatro (**e, aí, daí** e **então**). O conector predominante foi **e**, tanto na fala (com 50% dos dados, ao lado de **então**, com 20%, e **aí** e **daí**, com 14% cada) quanto na escrita (com 61% dos dados). Apenas outros dois conectores tiveram certa recorrência na escrita: **por isso** (com 8% dos dados) e **então** (com 7%).

Fazendo a distribuição dos conectores quanto a duas relações semântico-pragmáticas por eles codificadas, sequenciação textual das informações e introdução de consequência, as autoras notaram o uso recorrente de **e** como sequenciador textual (em 64% das ocorrências na fala e 61% na escrita) e como introdutor de consequência (em 22% das ocorrências na fala e 56% na escrita). Nesse papel, o esperado seria haver um maior número de conectores introdutores de consequência típicos, como **então** e **portanto**. De fato, **então** foi o conector mais ligado à introdução de consequência na fala (33% das ocorrências), mas na escrita teve apenas duas ocorrências desse tipo (4% das ocorrências). Surpreendentemente, **então**, na escrita, ocorreu mais como sequenciador textual (10% das ocorrências). Outro aspecto que veio à tona foi a baixa frequência de conectores diferentes de **e** na escrita, tanto na sequenciação textual das informações quanto na introdução de consequência.

Segundo Görski e Tavares (2003), os resultados referentes à distribuição dos conectores sequenciadores nos artigos de opinião podem ser interpretados como indícios de que os candidatos ao vestibular dominam poucos conectores do rol de opções existentes, e, em razão disso, recorrem excessivamente a um único conector, **e**. As autoras alertam que a grande taxa de emprego desse conector em textos escritos pode se dever a:

> deficiências nos procedimentos de abordagem ao problema adotados nas escolas em geral: não raro, cobra-se dos alunos somente a identificação dos rótulos dados aos conectores (aditivos, adversativos, conclusivos, causais, temporais, explicativos, condicionais etc.), sem incentivar a sua utilização na produção de textos próprios, através de atividades de leitura e escrita variadas que poderiam servir para o professor alertar para a necessidade de diversificação dos conectores como forma de enriquecer o texto (Görski e Tavares, 2003: 109).

Silva (2013) analisou o uso variável dos conectores sequenciadores **e** e **aí** em textos de dois gêneros da esfera narrativa, o conto e a narrativa de experiência pessoal, escritos por alunos do sexto e do nono anos do ensino fundamental da rede pública do município de Natal (RN). Fazendo uso de 128 textos, 64 de cada gênero textual, a autora identificou contextos linguísticos, estilísticos e sociais que influenciam o emprego desses conectores nesses textos. Foi computado um total de 849 ocorrências de conectores sequenciadores, dos quais 747 foram de **e** (88% dos dados) e 102 (12% dos dados) foram de **aí**. Novamente, foi constatado um grande uso de *e*, às expensas de outros conectores possíveis nos mesmos contextos.

Silva (2013) realizou também, junto aos alunos e seus dois professores de português, um teste de atitude linguística a respeito da possibilidade de uso desses conectores em situações de interação mais e menos formais. Esse teste revelou que: (i) **aí** é avaliado, pelos alunos, como um conector impróprio para contextos formais de uso da língua, embora possa aparecer sem problemas em contextos informais, tanto de fala quanto de escrita – parece ser, portanto, um conector marcado estilisticamente como ligado ao registro informal; (ii) *e* foi considerado, pelos alunos, de uso possível em situações mais e menos formais – trata-se, pois, de um conector não marcado estilisticamente; (iii) um dos professores também avalia que o emprego do **aí** como conector deva ser restrito em situações bastante formais, de fala e de escrita; (iv) o outro professor defende que esse emprego seja evitado em qualquer situação que envolva a conexão de partes do texto, isto é, ele não recomenda o uso da forma **aí** como conector, mesmo em situações de registro informal.

Quanto à distribuição dos conectores, **e** foi o conector mais frequente nos contos (com 96% dos dados) e nas narrativas de experiência pessoal (com 77% dos dados), ao passo que **aí** teve boa taxa de utilização nas narrativas de experiência pessoal (23% dos dados), mas ocorreu pouco nos contos (apenas 4% dos dados). Silva (2013) atribuiu a esses resultados a seguinte explicação: **aí**, conector estilisticamente marcado como informal, seria mais frequente na narrativa de experiência pessoal devido ao caráter tipicamente informal desse gênero textual (cf. Labov, 2004). Em contraste, esse conector seria menos frequente no conto, um gênero que tende a ser menos informal quando contrastado com a narrativa de experiência pessoal, pois costuma "implicar menor envolvimento emocional por parte do autor do que aquele que geralmente o arrebata em uma narrativa de experiência pessoal" (Silva, 2013: 103-4).

Silva (2013) pontuou ainda que, comparativamente à narrativa de experiência pessoal, a composição de um conto pode trazer uma série de dificuldades ao aluno aprendiz de escritor, uma vez que ele deve elaborar personagens e eventos distintos de sua realidade pessoal, bem como deve atentar para diversas regras de construção da narrativa ficcional. Tais exigências poderiam ter resultado em maior atenção na hora de produção dos contos até mesmo no que diz respeito à escolha das formas linguísticas, podendo ter sido evitadas formas estilisticamente marcadas como informais – caso do conector **aí**. Diferentemente, nas narrativas de experiência pessoal, considerando a familiaridade do aluno aprendiz com os acontecimentos narrados e o componente emocional possivelmente envolvido na narração, "o texto pode fluir mais naturalmente – inclusive quanto à seleção das formas linguísticas (as formas marcadamente informais podem ter sido menos barradas)" (Silva, 2013: 102).

Relativamente ao conector **aí**, que costuma ter seu uso recriminado nas escolas, Tavares (2013) mostra que, na prática, ele pode ser encontrado em diferentes gêneros textuais escritos, em especial naqueles marcados por maior informalidade, como contos e romances infantojuvenis, peças teatrais, histórias em quadrinhos, tirinhas, transcrição de entrevistas em jornais e revistas, letras de música, e-mails, blogs, mensagens no Twitter etc. A seguir, podem ser observadas duas das ocorrências apresentadas pela autora, a primeira extraída de um romance de Jorge Amado e a segunda extraída de um romance infantojuvenil de Lygia Bojunga:

(19) Chegou o Gordo trazendo um balde e uma garrafa. Veio também um amarelo com as mesmas coisas e ficou do outro lado. **Aí** apareceu o Antônio Balduíno acompanhado de Luigi. O pessoal do morro, da "Lanterna dos Afogados", gritou: "Antônio Balduíno! Antônio Balduíno!" (Amado, 2008: 19)
(20) Uma vez (isso foi no ano retrasado, eu ainda ia fazer nove anos) a minha prima veio aqui com uma colega que se chamava Janaína e que 'tava toda vestida de vermelho. O vestido tinha manga grande, era muito mais comprido que o vestido que a minha irmã e a minha prima usavam, e sem nada de outra cor: só aquele vermelhão que todo mundo na sala ficou olhando. E aqui na testa, feito jogador de tênis, a Janaína botou uma tira do vestido que ela estava usando.
Aí eu fui e me apaixonei por ela. (Bojunga, 1992: 12)

Desses estudos, podemos concluir que, em gêneros textuais orais e escritos caracterizados por um registro coloquial, da fala do dia a dia – como as narrativas de experiência pessoal –, formas tidas como estilisticamente informais podem ser frequentes, mesmo que sejam contraindicadas pelos professores de Português – caso do conector **aí**. Assim, na escola, os alunos poderiam ser estimulados a apreciar o uso de formas coloquiais em geral, ao lado de outras, quando produtivas. Como não é papel dos professores combater a variação linguística, mas trabalhar com seus alunos as formas em seus contextos de uso e todas as implicações desse uso, caberia apresentar reflexivamente toda a riqueza observável nas situações de variação pragmático-discursiva, o que envolve quem usa, quando usa, por que usa, em que gêneros textuais, modalidades da língua, registros, com que efeitos semântico-pragmáticos, com que intenções, e qual avaliação a comunidade de fala tende a ter a respeito desses usos. Adicionalmente, não se pode deixar de abordar a questão do preconceito contra formas linguísticas e contra as pessoas que as utilizam. A esse respeito, os alunos podem ser informados sobre as consequências de suas escolhas linguísticas para, assim, melhor decidirem sobre elas.

Marcadores de chamada de atenção e requisitos de apoio discursivo

Passemos agora ao caso dos marcadores de chamada de atenção, **olha** e **vê**, que aparecem tipicamente na modalidade oral da língua, mas também podem ocorrer na escrita, especialmente em gêneros textuais caracterizados por maior informalidade, como os anteriormente listados em referência ao uso do conector **aí**. Seguem algumas ocorrências na fala (em entrevistas sociolinguísticas) e na escrita (em peças teatrais) extraídas de Rost-Snichelotto (2009: 59, 241-2, 261):

(21) E: Ana Rita, podias pegar um cafezinho pra nós, faz favor? Eu queria saber mais uma coisa, tu gostas de cozinhar?
F: **Olha**, não é meu forte. Não sou muito chegada na cozinha, mas dá pra quebrar um galhinho. Mas eu tenho duas receitinhas bem legais. (FLP 01)

(22) É, agora esse ali, então, [o Doutor Serafim que é] o Doutor, como é o nome dele, que é filho do Doutor Serafim. Ai, meu Deus! **Vê**, como a gente esquece. Ivan Bertaso, casado com a Eliane que é uma senhora, a Eliane Silvestre. Só esses ali, [<el>] eles têm duas filhas, mas não moram mais aqui não. Não sei onde estão morando. (CHP 21)

(23) Menino 01: Ainda bem que só falta mais um. (Escreve) Acabei!
Menino 02: Eu também!...
Menino 01: Sabe que esse negócio de escrever com duas canetas rende mesmo. **Olha**, se não fosse isso, nós ficávamos aqui até de noite!
Menino 02: E agora... A gente faz o quê? Esperamos aqui – ou levamos lá?...
(*Uma longa história de amor*, Neri Gonçalves de Paula, 1999, p. 156)

(24) IDIOTA – Não pense tanto assim, eu me atrapalho. Como pode pensar tanto, ter tantas dúvidas?
FAUSTO – Talvez porque eu não me chame Idiota. Infelizmente me chamo, não sei por quanto tempo neste drama, Fausto. Sabe o que significa Fausto, Idiota? Quer dizer, **veja só**, Idiota, feliz. No fundo, ser feliz e ser idiota dá quase no mesmo. (*Prenome*: Fausto, Fábio Brüggemann, 1993, p. 61)

Rost-Snichelotto (2009) realizou um estudo variacionista bastante detalhado das formas marcadoras de chamada de atenção **olha** e **vê** (e suas variações estruturais), valendo-se de dados coletados em entrevistas sociolinguísticas pertencentes ao Banco de Dados Varsul referentes a quatro cidades catarinenses, Florianópolis, Lages, Chapecó e Blumenau. A autora observou que o uso variável dos marcadores de chamada de atenção **olha** e **vê** não é aleatório; ao contrário, é sensível a condicionamentos linguísticos e sociais. Destacamos aqui os resultados de natureza linguística, apontando que: (i) em termos da apresentação formal, os marcadores de chamada de atenção, oriundos de verbos no imperativo, são mais frequentes na forma derivada do indicativo (**olha** e **vê**), embora haja também grande ocorrência da forma **veja**, derivada do subjuntivo, especialmente na amostra de Curitiba; e (ii) as sequências textuais injuntivas favorecem **olha**, que também é favorecido pelas sequências dissertativas em Florianópolis; as sequências narrativas e descritivas, por sua vez, apesar de ora favorecerem um marcador ora outro (o que depende da cidade), tendem a estar mais relacionadas a **vê**.

Valle (2001) analisou as formas **sabe?**, **não tem?** e **entende?** como variantes da função de requisição de apoio discursivo em uma amostra de 36 entrevistas sociolinguísticas feitas como informantes florianopolitanos e integrantes do Banco de Dados Varsul. Seguem algumas ocorrências, extraídas de Valle (2001: 6):

(25) E tem o molho também pra salada... que é: meia xícara de maionese, **sabes?** Tu pegas a maionesezinha, o suco de meio limão, sal, pimenta e um pouquinho de açúcar, tá? (FLP 01 FAP: 731)

(26) Ela, uma senhora de setenta, eu com... vinte e poucos anos, quer dizer, eu tinha cinquenta anos de experiência pra frente, **entendes?** Eu sempre fui assim. Conversar com a pessoa de cinquenta anos, quer dizer, eu tinha vinte. (FLP 04 MAP: 996)

(27) Aí também nós fizemos lá [uns]-... uns trabalhos assim [que]-... de comida, **não tem?** Aí um amigo meu levou [um]- o tang pro colégio. Levou tang e a gente fez tang e já tomamos tudo lá, ("tudo") baita pra caramba! (FLP 14 MJG: 145)

Valle (2001) verificou, entre outros, que: (i) **sabe?** é favorecido pelas sequências textuais factuais e de descrição de vida, ao passo que **não tem?** é favorecido pelas sequências narrativas e **entende?** pelas sequências argumentativas e de descrição de vida; (ii) **sabe?** é favorecido em situações com foco sobre a avaliação do falante e **não tem?** em situações com foco sobre os participantes da interação. A autora observou haver também similaridades nos padrões de uso de **sabe?**, **não tem?** e **entende?**: (i) eles aparecem com mais frequência entre orações coordenadas justapostas; (ii) tendem a relacionar-se com informações novas no discurso; (iii) têm maior recorrência na fala dos informantes mais jovens e mais escolarizados.

A autora concluiu que a seleção de um requisito de apoio discursivo, em sua amostra de dados, parece menos condicionada por variáveis sociais, e mais pela atitude individual de cada informante. Os informantes, em geral, foram "fiéis ao uso de uma determinada forma de RAD,[7] de sorte que a escolha por uma, praticamente, faz cessar o uso das outras" (Valle, 2001: 162). Esse comportamento é um indício de que a variação entre os requisitos de apoio discursivo é muito mais um caso de variação comunitária do que individual. A respeito de **não tem?**, a autora alerta ainda que essa forma é comum na região litorânea do estado de Santa Catarina e é uma das marcas de fala tidas como típicas do *manezinho da Ilha*, o tradicional habitante da Ilha de Santa Catarina.

No que tange à modalidade da língua, Valle aponta que, na escrita, uma vez que as relações de interlocução geralmente não ocorrem de modo direto, o uso de requisitos de apoio discursivo é escasso e restrito a certos gêneros textuais, a exemplo das cartas pessoais. A esse respeito, é digno de nota que Freitag (2009) analisa a utilização de outros dois requisitos de apoio discursivo, **né?** e **certo?**, em textos escritos, mais especificamente em trechos de entrevistas transcritas em jornais e na fala reportada em notícias jornalísticas escritas.

Enfim, formas linguísticas que desempenham funções típicas da fala, como os marcadores de chamada de atenção do ouvinte e os requisitos de apoio discursivo, podem aparecer também na escrita, em gêneros textuais variados (especialmente aqueles que deixam emergir um tom mais coloquial). Portanto, abrir espaço para essas formas nas aulas de Português no ensino básico significa uma oportunidade para a compreensão e a apreciação não apenas da fala cotidiana, mas também da literatura, da música, do jornalismo, entre outros domínios em que as formas em apreço podem aflorar. Assim, é fundamental que os alunos desenvolvam conhecimento – e respeito – sobre a diversidade existente no uso do português brasileiro, incluindo padrões variáveis relacionados a normas linguísticas distintas, matizadas por diferentes regiões geográficas, papéis sociais, modalidades, registros, gêneros e sequências textuais, entre outros.

O professor de Português precisa ter um forte embasamento teórico-metodológico para tratar dessas questões. Nesse sentido, a miríade de estudos sociolinguísticos já produzidos sobre fenômenos variáveis no Brasil, em seus diferentes níveis de análise, pode contribuir imensamente para que seja erigida uma prática pedagógica de abordagem aos saberes gramaticais cada vez mais atenta à multifacetada realidade sociolinguística brasileira.

O que falta fazer? Que outras contribuições a Sociolinguística pode dar?

Sem dúvida, essa apresentação geral das contribuições da Sociolinguística ao ensino de Português – seja no plano conceitual, seja no plano descritivo, que aqui levou em conta apenas poucos fenômenos linguísticos – é suficiente para demonstrar que o conhecimento científico e a prática pedagógica precisam estar mais próximos e caminhar juntos, para que sejam alcançados os objetivos postulados para o ensino de português no país (conforme também os objetivos propostos no capítulo "Ensino de Português e variação linguística em sala de aula" desta obra). Ocorre que ainda há muito por ser trilhado, e os desafios da área quanto à interação pesquisa e ensino permanecem enormes. Dentre esses desafios, ao menos três propósitos se afiguram urgentes.

Primeiramente, é preciso não só ampliar a descrição das variedades cultas e populares, nas modalidades falada e escrita e nos mais diversos registros, na extensa área territorial brasileira, mas também divulgar didaticamente os resultados dessas descrições para a comunidade de alunos e professores de Português. Os capítulos "Variação fonético-fonológica e ensino de português", com temas do nível fonético-fonológico, e "Variação morfossintática e ensino de português", com temas morfossintáticos, desta obra – além dos estudos referidos neste capítulo, entre outros (Görski e Coelho, 2006; 2009; Vieira e Brandão, 2007; Martins e Tavares, 2013; Martins, 2013b) – representam um esforço em oferecer material dessa natureza ao público interessado pelo ensino de Língua Portuguesa.

É desafiadora a tarefa de conhecer profundamente as práticas escolares, os materiais didáticos adotados (propósito de que se ocupa o capítulo "Variação linguística e livros didáticos de português" desta obra), para que se possa investir na elaboração de propostas pedagógicas, que configurem práticas sociolinguisticamente fundamentadas.

Por fim, um terceiro objetivo a ser amplamente perseguido pela Sociolinguística brasileira para contribuir com o ensino de Língua Portuguesa diz respeito ao problema da avaliação linguística (Weinreich, Labov e Herzog, 1968), no que se refere especialmente aos juízos que fazem os falantes do português acerca dos usos linguísticos na fala e na escrita. Nesse aspecto, interessa tratar com maior afinco das crenças e atitudes que se referem à avaliação do professor e do aluno, objeto de estudo do capítulo "Avaliação das variantes: atitudes e crenças em sala de aula" deste livro, desenvolvido por Cyranka, e de outros trabalhos variacionistas no país, como o de Moura (2013), por exemplo.

Espera-se que não só trabalhos como o que aqui se apresenta e os citados neste capítulo, mas também aqueles que venham a se desenvolver – especialmente os que serão fruto das primeiras turmas do mestrado profissional em Letras (PROFLETRAS) no país – possam colaborar efetivamente com um ensino que permita o pleno e necessário desenvolvimento das competências de leitura e produção textuais, inegáveis pilares das aulas de Português nas múltiplas realidades escolares.

Notas

[1] O termo *culto* é, por vezes, evitado por poder sinalizar uma esfera positiva de "cultura" relacionada às classes sociais abastadas, uma elite privilegiada, o que não corresponde ao conceito científico do termo ora em questão.

[2] Muitas vezes, os ideais propostos/ensinados pela escola não recuperam nem a norma culta REAL – ou a gramática do indivíduo letrado – nem a norma-padrão IDEAL da tradição gramatical. A norma recuperada pela escola seria um "terceiro elemento" quando "procura manter as perdas gramaticais [associadas à gramática do Português Brasileiro contemporâneo], ou recuperá-las de forma distorcida, tendo por modelo as normas da gramática do Português Europeu" (Kato, 2013: 153). Ver ainda para uma discussão a respeito Kato (2005).

[3] Remetemos o leitor ao trabalho de Duarte (2013) – assim como às referências lá citadas – que muito bem apresenta o importante papel que a Sociolinguística brasileira tem assumido na descrição da gramática da fala e da escrita contemporânea no que se refere ao quadro dos pronomes pessoais. Tomando para análise o sistema pronominal, a autora sistematiza o papel da escola na retomada/ensino de formas não mais presentes no português brasileiro contemporâneo adquirido como primeira língua.

[4] Estudos sobre os pronomes pessoais na diacronia do português brasileiro têm mostrado que o **te** (acusativo e dativo), assim como o possessivo **teu**, são formas de resistência à entrada de formas do pronome **você** no paradigma pronominal (cf. Lopes e Machado, 2005; Lopes, 2009a e b; Lopes e Marcotulio, 2012; Lopes e Cavalcante, 2011; entre outros).

[5] A *Gramática do Português Culto Falado no Brasil* é resultado de um projeto coletivo, coordenado por Ataliba Teixeira de Castilho, que descreve a fala culta de cinco capitais brasileiras – tendo em vista dados extraídos do projeto da Norma Culta no Brasil (projeto Nurc). É importante dizer que essa gramática constitui uma referência para o estudo – e o ensino – de Português nos cursos de Letras e nos níveis fundamental e médio.

[6] Para uma revisão de trabalhos em Sociolinguística variacionista sobre o uso dos pronomes clíticos acusativos e dativos, considerando diferentes textos em norma culta no PB, ver o capítulo "Variação morfossintática e ensino de português", de Vieira e Freire – e as referências lá citadas.

[7] RAD é abreviatura de "requisição de apoio discursivo" empregada por Valle (2001).

O ensino de português e a variação linguística em sala de aula

Stella Maris Bortoni-Ricardo
Maria do Rosário Rocha

Este capítulo focaliza a realidade sociolinguística da sala de aula, onde convivem variedades regionais, sociais e estilísticas. A discussão tem início com uma breve revisão da história externa do português do Brasil. Como metodologia básica, foi usado o modelo de três contínuos – de urbanização; de oralidade-letramento e de monitoração estilística – na descrição da ecologia linguística da comunidade de fala do Brasil. São reportados e analisados episódios de interação em sala de aula, bem como textos produzidos por alunos, uns e outros representativos dessa realidade sociolinguística.

Análise do português brasileiro em três contínuos

O português do Brasil é uma língua transplantada e, como tal, tende a ser mais conservadora que a língua no seu nascedouro. Comparada ao português europeu, as variedades brasileiras são faladas com ritmo relativamente mais lento, que alguns estudiosos consideram uma preservação de um traço arcaico do português (Melo, 1946). O gramático pioneiro Fernão de Oliveira, descrevendo a língua falada em Lisboa no século XVI, disse: "mas nós falamos com grande repouso, como homens assentados" (Oliveira, 1975 [1536]: 39). Silva Neto (1950/1977), Mattoso Câmara (1975) e Naro (1971) referem-se a profundas mudanças fonéticas no português da metrópole, ocorridas no último quartel do século XVII e no primeiro do século XVIII, que teriam conferido à língua um ritmo em *allegro*. Essas mudanças não chegaram ao Brasil, ou pelo menos não chegaram de forma consistente e generalizada no repertório dos colonizadores ao longo dos primeiros séculos de colonização e não se consolidaram aqui. Ademais, os colonos provinham de diferentes regiões na metrópole, e, portanto, em seu repertório linguístico, as mudanças em curso estavam em estágios distintos. Ao se encontrarem no Brasil, esses repertórios tenderam a um amálgama mais conservador em prejuízo das novas variantes (cf. Labov, 2008: 345).

Há que se observar também que, nos três séculos do Brasil colônia, o português ainda não era uma língua majoritária, coexistindo com as diversas línguas autóctones e principalmente com a língua geral, que servia à comunicação franca entre as populações locais. Essa situação multilíngue torna-se mais complexa com a transferência para a colônia de um grande contingente de escravos africanos, falantes de diversas línguas, trazidos para o Brasil pelo tráfico, que durou três séculos. Goulart (1975) observa que, quando esse tráfico foi finalmente abolido em 1851, cerca de três milhões e seiscentos mil escravos haviam sido introduzidos no Brasil.[1]

No contato com os colonizadores, cujo número se ampliou a partir do final do século XVII, em função do ciclo do ouro, os habitantes nativos e a população negra e seus descendentes desenvolveram interlínguas, ao início, processo a que Naro e Scherre (2007) denominam transmissão linguística irregular.[2]

As peculiaridades da comunidade de fala brasileira, considerando sua formação e suas características demográficas, podem ser apreendidas com uma metodologia de três contínuos, que passamos a comentar (cf. Bortoni-Ricardo, 2005, cap. 4).

O primeiro, que chamamos contínuo de urbanização, estende-se desde as variedades rurais geograficamente isoladas até a variedade urbana suprarregional, que passou pelos processos históricos de padronização. Pode-se situar nesse contínuo qualquer falante em função de seus antecedentes, de sua história social e de sua rede de relacionamentos.

Já no segundo contínuo, de oralidade e letramento, o foco não é o falante, mas as práticas sociais – orais ou letradas. Consideram-se aí a diversidade cultural de produção e a implementação dessas práticas (cf. Rojo e Moura, 2012). No terceiro contínuo, de monitoração estilística, podemos aferir a dimensão sociocognitiva do processo interacional, em particular o grau de atenção e de planejamento que o falante confere à situação de fala.

Esse grau de atenção e de planejamento está relacionado a vários fatores, tais como a acomodação do falante a seu interlocutor, o apoio contextual na produção dos enunciados, a complexidade cognitiva envolvida na produção linguística e a familiaridade do falante com a tarefa comunicativa que está sendo desenvolvida (cf. Cummins, 1987).

Nessa revisita ao tema dos contínuos, cabe também tecer considerações sobre a noção de urbanização. A sociologia tradicional no Brasil enfatiza as características rurais da sociedade brasileira e nossa urbanização tardia e desordenada. Ao contrário do que aconteceu em países com cultura de letramento mais consolidada, onde a Revolução Industrial teve início no século XVIII, no Brasil e em outros países periféricos, a urbanização não foi precedida pela industrialização. Até início do século XX, o Brasil é considerado um país rural, como afirmam, *inter alia*, Celso Cunha em *Língua portuguesa e realidade brasileira* (1972); Antonio Candido em *Os parceiros do rio Bonito* (1964); Sérgio Buarque de Holanda em *Raízes do Brasil* (1936); Darcy Ribeiro, no capítulo "Herança rural" em seu *O povo brasileiro* (1995); e Ruben Oliven na seção "O Brasil caipira" (1982).

O estudo de Bortoni-Ricardo (1985), sobre migrantes rurais radicados na periferia de Brasília, mostra como a população de origem rural que vive à margem do sistema de produção mantém características culturais pré-migratórias. Sua inserção na cultura urbana é gradual e depende, em grande escala, de sua rede de relações sociais e de sua familiarização com práticas sociais de letramento (cf. Bortoni-Ricardo, 2011).

O último censo do IBGE, em 2010, mostrou que a população urbana do Brasil aumentou de 81% para 84%, em um total de 190.732.694. José Eli da Veiga (2002) contesta essa metodologia de distribuição da população brasileira em área rural e urbana, decorrente, segundo ele, de critérios equivocados empregados pelo próprio IBGE. O equívoco na metodologia censitária tem origem em um decreto do Estado Novo de 1938, que considera área urbana toda sede de município ou distrito, independentemente do tamanho e das características das atividades produtivas de sua população.

Veiga argumenta que os parâmetros da OCDE (Organização para a Cooperação e Desenvolvimento Econômico) são mais adequados que a sistemática do IBGE. Segundo aquele órgão internacional, para um município ser considerado urbano, teria de apresentar uma densidade demográfica de 150 habitantes/km^2 e uma população nunca menor que 50 mil habitantes. Se aplicados esses parâmetros da OCDE, os 5.507 municípios brasileiros considerados urbanos seriam reduzidos a pouco mais de quatro centenas.

Além desses critérios demográficos, pesquisas como a de Oliven (1982) e o trabalho de Bortoni-Ricardo (1985/2011) com migrantes rurais radicados no Distrito

Federal apontam também outros critérios para a aferição do grau de urbanização de uma comunidade. Oliven discute valores culturais e Bortoni-Ricardo descreve variáveis de natureza sociolinguística. No contexto analisado por esta última, torna-se muito operacional o conceito de "rurbano", para definir populações rurais com razoável integração com a cultura urbana e populações urbanas com razoável preservação de seus antecedentes rurais.

Em relação ao segundo contínuo mencionado, dedicado às práticas sociais de letramento, verifica-se que, no caso da maioria de crianças e jovens brasileiros que frequentam a escola pública, a familiarização com essas práticas se dá prioritariamente pela escolarização formal, ainda que, nos estratos sociais de que provêm, tais práticas permeiem também outros domínios sociais em que eles convivem.

O contato de línguas que caracterizou a ecologia linguística no Brasil colônia, a que aduzimos, desencadeou mudanças rápidas na evolução da língua portuguesa no Brasil, as quais se expandiram principalmente nas áreas interioranas, longe do efeito padronizador das cidades. Contribuiu também para a heterogeneidade do português brasileiro a falta de uma política educacional eficaz e da circulação de textos escritos, que eram proibidos na colônia.

As principais marcas dessa variedade amplamente disseminada no país são as reduções na morfologia nominal, pronominal e verbal, que se interseccionam com regras fonológicas. Entre elas, há de se considerar variáveis que definem uma estratificação gradual ou contínua, desde o polo estritamente rural até as áreas metropolitanas. Tais variáveis graduais estão também presentes em práticas sociais letradas e orais e em estilos com qualquer grau de monitoração. Por outro lado, há variáveis descontínuas, praticamente ausentes dos estilos monitorados de falantes urbanos e escolarizados no desempenho de práticas letradas. Observe-se, contudo, que a classificação de variáveis em graduais e descontínuas tem tido sempre um caráter preliminar e tentativo, em virtude da falta de pesquisas variacionistas exaustivas, quer do ponto de vista regional, quer do ponto de vista diastrático ou mesmo da variação estilística (Bortoni-Ricardo, 2004).

No repertório de professores e alunos em nossas escolas, a variação linguística que marca o português do Brasil é muito produtiva. Sua incidência está condicionada à socioecologia da escola e aos antecedentes socioeconômicos e linguísticos de estudantes e professores, podendo ocorrer tanto variáveis graduais como descontínuas, que passamos a descrever sucintamente.

Variáveis graduais e descontínuas no português do Brasil

Começando pelos traços fonológicos, observemos que, em sua maioria, relacionam-se à preferência universal pela estrutura silábica canônica CV (consoante, vogal). A supressão de consoantes pós-vocálicas, na coda silábica, processo que produz sílabas abertas, facilita o fenômeno de isocronia entre sílabas.

Os processos fonológicos que são produtivos no nosso português parecem, sem dúvida, relacionar-se a certos universais da Fonologia como, por exemplo, a já citada preferência pela forma canônica da sílaba e a pouca resistência que sílabas átonas oferecem à redução e à mudança. Os processos básicos que operam na língua para abrir sílabas fechadas (desnasalização das vogais átonas finais,[3] supressão de segmentos consonânticos e redução de ditongos decrescentes) e para reduzir encontros consonânticos exibem quase sempre uma estratificação gradual no contínuo dialetal (cf. Bortoni-Ricardo, 2011).

Outro fenômeno associado à fragilidade das sílabas átonas é a tendência à redução das palavras proparoxítonas. Esse processo é variado e, em alguns casos, muito produtivo tanto no polo rural, quanto nas variedades urbanas, como, por exemplo: "xícara" > "xicra". Veja-se que, na transformação dessa palavra em paroxítona, a sílaba átona final apresenta padrão silábico produtivo na língua _ CCV _: consoante oclusiva, consoante líquida e vogal. Em outras, tal transformação resulta em variáveis descontínuas. Por exemplo: "bêbado" > *"bebdu"* > "bebu". Esse caso produz padrão silábico estranho ao português, com a oclusiva /b/ na coda silábica.[4]

Observe-se que a maioria das palavras em português são paroxítonas. A mesma tendência opera na organização de vocábulos fonológicos que, na sua maioria, exibe um padrão acentual paroxítono. Em contraste com o português europeu, no português brasileiro os clíticos tendem a preceder e não a seguir a forma verbal. Quando colocados antes do verbo, mantêm na unidade rítmica o mesmo *status* das sílabas pretônicas no interior das palavras (Mattoso Câmara, 1970, cap. 7). Essa tendência pode ser explicada pelo fato de que o decréscimo da energia articulatória, depois da sílaba tônica, torna difícil manter-se o mesmo tempo/espaço das sílabas iniciais do enunciado nas sílabas postônicas. A pronúncia de palavras ou de unidades rítmicas com duas sílabas postônicas exige, pois, mais esforço que a pronúncia de palavras com uma só sílaba postônica. O problema não ocorre no português europeu por se tratar de uma língua com diferente padrão rítmico.

Deve-se observar que a supressão de consoantes pós-vocálicas em posição de final de palavra implica, em alguns casos, a perda da flexão de número. Nas formas verbais, por exemplo, a flexão de número é afetada pela regra de desnasalização das vogais finais. Quanto à regra de concordância nominal, é diretamente afetada pela supressão do /S/, morfema de plural, quando essa flexão é redundantemente marcada. De fato, no português brasileiro, em suas variedades populares e estilos não monitorados, o morfema do singular tende a substituir o morfema equivalente de plural, principalmente quando essa noção é, como mencionado, redundantemente marcada. Tal tendência é consideravelmente mais produtiva nas variedades rurais e no repertório de falantes não escolarizados do que nas variedades urbanas, em eventos de letramento. Cabe observar, todavia, que esses dois fatores se conjugam, na medida em que as taxas de escolarização nas áreas rurais são mais baixas que nas urbanas.

Também a monotongação de ditongos decrescentes é afim ao processo de abertura das sílabas pela perda da consoante em posição de coda. O traço apresenta uma estratificação gradual, isto é, alguns ditongos em certos ambientes linguísticos são quase categoricamente reduzidos até em estilos formais da língua padrão urbana, por exemplo "outro"> "otro"; "peixe" > "pexe". Em outros ambientes, todavia, a redução é estigmatizada e funciona como um indicador tanto de variedades urbanas desprestigiadas, quanto de vernáculos rurais: "Almeida"> "almeda".

Como o trabalho pioneiro de Lemle (1978) apontou, a monotongação de ditongos decrescentes é condicionada pelo segmento consonantal seguinte. Mas como o curso evolutivo de redução do ditongo /ow/ está mais avançado, a regra parece aplicar-se quase categoricamente em todos os ambientes fonéticos. Esse ditongo é de fato o único que se reduz nas sílabas tônicas finais.

Ainda em relação aos ditongos, observe-se que, nos falares situados no polo rural do contínuo, a vocalização da lateral palatal /ʎ/ e da nasal palatal /ñ/ pode implicar o apagamento total do ditongo resultante da inserção de um glide: joelho: [ʒuˈeʎy] > [ʒuˈejy] > [ʒuˈejʲy] > [ʒuej] e banho: [bãˈñy] > [bãj̃].

A desnasalização é outro fenômeno que resulta da perda do segmento pós-vocálico na sílaba, considerando-se a proposta da existência de uma consoante nasal de travamento, conforme a já citada análise de Mattoso Câmara. Trata-se de regra fonética bem simples que se aplica, sem referência a categorias morfológicas, a monotongos átonos finais, sendo as vogais altas mais suscetíveis à perda da nasalidade. Os fatores que favorecem a desnasalização, de acordo com Guy (1981: 226), são a ausência de nasalidade no segmento anterior e seguinte, e a presença dos segmentos altos, no contexto anterior, e das vogais, no contexto seguinte.

O apagamento de consoantes pós-vocálicas em posição de final de palavra, também referido como destravamento silábico (Mollica, 2003), é tendência geral na fala não monitorada. As consoantes suprimidas nessa posição são as líquidas /l/ e /r/ e o arquifonema /S/. Este último segmento, quase sempre marcador de plural, reflete a tendência geral no moderno português brasileiro de privilegiar a forma singular às expensas da contraparte plural.

De fato, marcadores redundantes de pluralidade tendem a ser suprimidos na frase nominal somente preservando o morfema plural no primeiro determinante (Braga, 1977; Scherre, 1978; Guy, 1981). Além do fator posicional, fatores de outras naturezas também contribuem para a perda desses elementos (Scherre, 2005), que é um traço gradual no português do Brasil. O apagamento do segmento final na primeira pessoa do morfema plural '-mos' parece ser também um traço gradual: "fazemus" > "fazemu".

Nos advérbios e nomes terminados em /S/, esse segmento não morfêmico é menos frequentemente suprimido. O apagamento nesses casos parece ser um traço descontínuo, característico de variedades rurais e rurbanas, como nos exemplos: "ônibus" > "ônibu" e "menos" > "meno".

Além desses fenômenos que descrevemos sucintamente, convém referir os seguintes, que também podem ser produtivos no português brasileiro, principalmente no polo rural e nas áreas adjacentes, que denominamos rurbanas, do contínuo:

(i) a neutralização das líquidas /l/ e /r/, como em "almoço" > "armoço"; "bloco" > "broco"; "garfo" > "galfo"; (ii) a vocalização da lateral palatal, como demonstramos na discussão dos ditongos; (iii) a harmonização vocálica, como em "veludo" > "viludo"; (iv) a supressão da lateral alveolar /l/ em posição intervocálica, sobretudo, em pronomes pessoais e demonstrativos: "eles" > "es" > "ezi", "deles" > "des" > "dezi"; (v) as mudanças esporádicas das vogais, como em "direito" > "dereito"; "raiva" > "reiva"; (vi) a prótese de um /a/ em palavras iniciadas com consoantes, como em "lembrar" > "alembrar"; "divertir" > "adivertir" e o fenômeno oposto: "amarrar" > "marrar"; "apagar" > "pagar"; "aguentar" > "guentar"; (vii) a nasalização de vogais em início de sílabas: "cozinha" > "conzinha"; (viii) a metátese do /r/ e, mais raramente do /s/, como em "preocupa" > "percrupa"; "porquê" > "pruquê"; "satisfeita" > "sastifeito".

Em relação a todos esses fenômenos, devem-se considerar também os casos de hipercorreção, que podem ocorrer ao longo de todo o contínuo de urbanização, especialmente em situações de maior pressão comunicativa, como por exemplo: "humano" > "homano"; "função" > "fonção"; "privilégio" > "previlejo"; "bandejão" > "bandeijão"[5].

No restante deste capítulo, examinaremos episódios de interação em salas de aula de diferentes escolas de nosso país, analisando os traços variáveis mais produtivos na fala vigente nesses domínios. Os fenômenos referidos ilustram as descrições que fizemos nesta seção.

Análise da variação linguística em contexto escolar

Começamos nossa análise da interação de sala de aula com um episódio gravado em um curso de licenciatura em Pedagogia. Segundo depoimento da professora, que está localizada no polo urbano do contínuo, não houve uma monitoração consciente, mas o resultado demonstra que o discurso foi monitorado. O episódio é tipicamente um evento de letramento.

Episódio 1[6]

[...] (1) P. (professora) – No finzinho do século XIX, tem a abolição, também muito importante. No começo do século XIX? Que fatos históricos importantes marcam os 511 anos de história do Brasil?
(2) A. (aluna) – Proclamação da República!
(3) P. – No finzinho, meu bem. Mas não vamos começar do finzinho. Vamos começar do início. Quando é que começa o século XIX? Mil... se é século XIX, tem que começar em 1800.
(4) P. – Quais fatos históricos importantes no século XIX? O que aconteceu em 1808?
(5) A. – A chegada da Família Real.
(6) P. – No finzinho de 1808, quer dizer, na primeira década do século XIX. Em consequência da vinda da Família Real, o Brasil foi elevado à condição de Reino Unido a Portugal e Algarve.
(7) P. – Então [Dom João VI] ficou sendo rei de Portugal e de Algarve, que já é lá em Portugal e também do Brasil. Em consequência disso o que, que aconteceu na década seguinte, logo após a vinda dele (trecho incompreensível) O que que aconteceu de tão importante no século XIX? Pode falar com bastante certeza. Vocês sabem!
(8) A – A Independência!
(9) P. – A Independência, sim L. Em que ano foi a Independência do Brasil?
(10) A. – Acho que é 22 (1822).
(11) P. – Você acha certo,1822! Quando o Brasil ficou independente, nós er... Dia sete de setembro, hein gente! Por isso que é feriado! Quando o Brasil ficou

independente, como uma iniciativa do Dom Pedro I, que tinha ficado aqui como príncipe regente, mas logo em seguida foi coroado imperador do Brasil, com o nome Pedro I, ele é Pedro IV, lá em Portugal. No Brasil naquela época de cada 3 brasileiros, 2 eram escravos, então vocês imaginem, o escravo não tinha a menor condição nem oportunidade de se alfabetizar. Além disso, mesmo entre os não escravos, haviam muitos analfabetos. Nós temos aqui a data mais remota, mais antiga sobre analfabetismo, página 19, é 1940, meados já do século XX, ainda lá nessa época já tínhamos 56% de analfabetos no Brasil. Agora vocês imaginem 1822, quando o Brasil se tornou independente. O Brasil foi o primeiro país da América do Sul a se tornar independente?

(12) A. – Não!

(13) P. – Não! A maioria já era independente. O que levou mais tempo para se tornar independente... é que, pouco antes a corte tinha vindo para cá e o Brasil tinha sido elevado à condição de reino. Então não houve aquele afã, aquele desejo de tornar o Brasil independente, porque o Brasil era parte do reino, isso até 1822, quando então muda a política de Portugal e eles resolvem transformar novamente o Brasil à condição de colônia. Houve resistência, o grande nome da independência do Brasil é José Bonifácio e quem realmente tomou a iniciativa foi o príncipe regente, que era Dom Pedro, que logo em seguida foi coroado imperador do Brasil com o nome de Dom Pedro I.

Não se notam na fala da professora quaisquer traços graduais ou descontínuos. A hipercorreção no turno 11 (haviam) confirma que o estilo empregado estava sendo monitorado, ainda que inconscientemente.

O episódio a seguir retrata uma interação em sala de aula de 3º ano do ensino fundamental em escola pública do Distrito Federal. A professora é pedagoga. Os alunos têm entre 8 e 9 anos de idade.

Episódio 2[7]

(1) P. Agora vamo ler de novo, agora mais alto... agora assim, ó... cada fila vai ler uma parte. Olha aí no livro de vocês. Cada fila lê uma... [a professora aponta as estrofes para os alunos e pede que as observem no livro didático].

(2) A1. Professora, eu vou lê onde?

(3) P. Presta atenção. Você vai ler junto com sua fila, assim ó... [outra vez aponta as estrofes do poema].

(4) As. Tá.

(5) P. Vamos começá...
(6) As. [lendo] Quem tem medo de quê...
(7) P. presta a atenção na pontuação [a professora lê o fragmento do texto, elevando a voz]
(8) P. Recomecem a leitura...
(9) As. [Gritam]
(10) P. Isso, é nessa altura que quero a leitura... vamo...

A professora, que tem *background* rurbano e curso superior, sistematicamente suprime o morfema -r (turno 5) de infinitivo e o /S/ do morfema -mos (turnos 1,10) nas formas verbais. Note-se que ambos são traços graduais.

A seguir, apresentamos um episódio de interação na sala de aula com as mesmas crianças do episódio anterior. Observe-se que essas crianças são oriundas de comunidade com pouca tradição de práticas letradas, ou seja, com uso predominantemente oral da língua. Espera-se, portanto, que não tenham em seu repertório fluência na variedade linguística urbana de prestígio. Trata-se de uma conversa entre aluno (A) e professora (P) durante uma aula sobre verbos.

Episódio 3
(1) A. Professora, eu vou ir na *lan house* hoje...
(2) P. Você vai o quê?
(3) A. Eu vou ir na *lan house* hoje.
(4) P. Fala direito, não é assim que se fala, a gente não coloca dois verbos juntos. Se quiser falar certo tem que dizer assim:
(5) P. Eu vou na *lan house* hoje.
[A criança calou-se]

A professora corrige a perífrase verbal com o verbo ir na fala do aluno, com uma observação abrangente, pois o que ela queria era que ele evitasse usar o verbo ir como auxiliar seguido do próprio verbo como principal. No entanto, essa construção é comum. A regência "ir em", também amplamente usada, passou-lhe despercebida (turno 3) e ela própria a usou (turno 5), possivelmente, porque essa regência esteja bem consolidada em seu repertório, como, aliás, no de todos os brasileiros.

Os episódios 4,[8] 5 e 6 foram gravados em uma sala de Educação de Jovens e Adultos (EJA) em que todos os alunos têm antecedentes rurbanos, embora já estejam radicados em área urbana no Distrito Federal. Foram selecionados de uma conversa informal entre professora e alunos sobre alimentação saudável, a importância de se tomar cuidados ao comprar determinados produtos, tais como conferir a data de validade, o estado de conservação e o preço.

Episódio 4
(1) A. (E.): Os preço desse mercado do jornal é muito caro... lá onde eu compro, os preço é mais em conta...
(2) A. (R.): Eu fui no mercado comprá ração po gato... (risos) e vi um pacotão com um deseî'o (desenho) de um gato e achei o preço mais barato do que a ota que tî'a (tinha) comprado antes... peguei o pacote... paguei e fui pa casa... quando cheguei lá abri o pacote achano que tî'a feito uma boa economia... mas quando vi num era ração... (risos) era areia po gato fazer xixi... isso aconteceu porque eu num li o nome do produto... depois eu falei pu meu filho... (riso)... eu preciso lê mais pa num acontecê mais isso... agora aprendi pa que serve a leitura é pa lê as coisa... quis fazê economia e tomei um prejuíz... tudo porque não li... mais d'agora pra frente vou saí leno tudo...
(3) A. (O.): os preço tão cada dia ficano mais caro... antes eu comprava muita coisa com 20 real... agora para comprá as mesma coisa eu gasto bem mais...

Na participação das alunas, não se observa qualquer ocorrência da variante padrão da concordância verbal ou nominal. As regras de supressão da consoante palatal /ñ/ e consequente nasalização da vogal anterior são muito produtivas. Trata-se de um traço regional que muitos migrantes radicados no Distrito Federal preservam e que precisa ser mais investigado. Os traços graduais, supressão do morfema -r de infinitivo, supressão da líquida no encontro consonantal e assimilação do /nd/ do gerúndio também estão presentes na fala das alunas.

Episódio 5
(1) A. (M.J.): Agora que aprendi aqui na escola a vê a data de validade dos produto eu sempre confiro... mais antes num tî'a essa preocupação...
A. (R.): antes eu pedia ajuda para as pessoa pa achar o que eu queria comprá... agora que já sei lê eu vou leno divagarinho... até achar o que quero... e olho a data que vai vencê... o preço e vejo se não tem oto de outra[9] marca com preço mais barato.

Episódio 6
(1) A. (R.): antes quando eu era novo... gostava de comer muita carne gorda... agora só posso comer carne magra e acho que isso é que é alimentação saudável...

(2) A. (G.): uma vez comprei iugute e não tava bem conservado... ainda bem que minha filha percebeu e jogou fora... senão quem comesse podia ter passado mal... agora toda vez que vou comprá alguma coisa fico atento... olho a validade... olho se não tá com a imbalagi amassada ou rasgada... agora minino tô isperto e cada dia fico mais porque aprendo muita coisa aqui na escola...

(3) A. (O.): eu teĩ'o (tenho) dificuldade pa lê... porque as letra são miúda demais e eu teĩ'o poblema nas vista...

(4) A. (H.): eu já aprindi muito aqui na iscola... e só num aprindi mais pruquê teĩ'o que ficá com meus neto pa mĩ'ia (minha) fi'a traba'iá... eu falto muito as aula... por isso é que ainda num aprindi mais... ainda tô atrasada...

As contribuições desses alunos são bem representativas dos estágios diferentes em que eles se encontram no processo de ajustar-se à linguagem urbana de prestígio. A maioria dos traços percebidos pode ser considerada gradual (aférese da sílaba "es" do verbo estar, perda do fonema /r/ pós-vocálico morfêmico ou não, desnasalização da vogal /i/ em final de palavras, elevação da vogal /e/ pretônica,[10] redução dos encontros consonânticos, supressão do /S/ morfêmico marcador de plural, além da falta de concordância e assimilação do "nd" do gerúndio, já comentadas no episódio 4). Mas também há traços descontínuos, como a metátese em "pruquê" e a vocalização em "fi'a" e "traba'iá".

Os próximos episódios[11] constam das aulas de letramento científico em turma de alfabetizandos em área rurbana em Goiás (em Bortoni-Ricardo, Machado e Castanheira, 2010: 142 e 175, respectivamente).

Episódio 7
(1) P. E as borboletas prejudicam o meio ambiente?
(2) A. Não! Elas é boazinha.
(3) P. Podemos estragar os casulos? Podemos?
(4) P. Não, não!

A professora acolhe a resposta correta do aluno com relação ao conteúdo de Ciências trabalhado, mas passa-lhe despercebida a concordância verbal não padrão (turno 2). Uma estratégia aconselhável teria sido repetir o turno do aluno usando a variante de prestígio.

Episódio 8
(1) P. Esse texto, aqui, crianças, que vocês estão olhando pra ele é um texto completo ou incompleto?/.../

(2) A. – Incompleta
(3) P. – Por que é incompleto (J),
(4) (J.) ?
(5) P. – Então, gente, já que é um texto incompleto, nós vamos completar ele, não?
(6) A. – É mesmo, vamos completar!
(7) P – Aqui está escrito assim, frutas. O que pede aqui?
(8) A – As frutas, as frutas.
(9) P – Vamos ver "as frutas" ou "a fruta"?
(10) A – Fica "as frutas".
(11) P – É, as frutas? Se eu colocar só o "a" aqui?
(12) A. – Aí tem que tirar o "s" daí.

A interação é bastante produtiva e enseja um trabalho incidental com a concordância nominal. A fala da professora não é estritamente monitorada, como revela o uso do pronome "ele" objeto (turno 5). Mas trata-se de um evento de letramento e não se observam traços fonológicos graduais nem descontínuos.

O episódio 9,[12] a seguir, é muito especial porque documenta uma interação em sala multisseriada em escola rural, no município de Imperatriz no Maranhão. Tanto a professora como os alunos têm antecedentes rurais. Muitos traços descontínuos aparecem no repertório dos alunos. Já na fala da professora, nota-se certo monitoramento, provavelmente por tratar-se de evento de letramento (cf. Silva, 2012). Chama a atenção a produtividade de pelo menos dois traços fonológicos, a despalatização do /ñ/ no sufixo -inho/-inha e a metátese do /r/. Observe-se também a ocorrência de itens lexicais regionais típicos do polo rural. Convém ressaltar, todavia, que a professora oferece a variante de prestígio nos dois casos em que ela, provavelmente, identifica como "erradas" as variantes usadas pelos alunos (turnos 10 e 13).

Episódio 9
(1) P. – Beija-flor
(2) A1. – inhóri!
(3) P. – tu feis?
(4) A2. – A tia disse pa pegá a tarefa que nóis feis onti. Ó o meu qui eu fiz onti. O meu é aquela muzguîa assim: "um dia ũa criança me falô...
(5) P. – Im qual livro é?
(6) A1. – É naquele primeirim qui a tia deu.
(7) P. – Agora vamos ler o que vocês fizeram em casa.

(8) A3. – Tia, prumodeque nóis têm que lê tudim, a mīa é muito grande. É agora mermu.
(9) A4. – Tia, pruque nóis num pode lê só um pedacim?
(10) P. – Vocês vão ler **PORQUE** é lendo que se aprende mais. Vamos ler sim, e é agora.
(11) A4. – (.....) **porque** tu num começa?
(12) A5. – Peraí, minina! Tia, é pra lê na frente mermu não, NÉ? Então eu vô lê só pás...
(13) P. – Todo mundo tem que ler na frente **MES**mo pra todos ouvir.
(14) A6. – É tudim mesmo tia, é? Posso começar o meu, tia, tia?
(15) P. – Pode sim. **Começa**, vai. Mininos, silêncio! Todo mundo tem que ouvir.

Muitas das características observadas na linguagem dos alunos da escola rural no Maranhão são transpostas para seus textos escritos. Selecionamos, em Silva (2012), a seguinte redação produzida por um aluno, na qual comentaremos alguns dos fenômenos. Há que se observar que muitos desses fenômenos não estão restritos às áreas rurais-rurbanas do contínuo e são produtivos também nas variedades urbanas, como descrito por Mattoso Câmara em 1957, em seu artigo "Erros escolares como sintomas de tendências linguísticas no português do Rio de Janeiro".

Episódio 10
1. (01) Duranti[1] minhas feris[2] eu mi[3]
2. (02) di verti[4] muinto[5] eu fiz[6] muintas[7]
3. (03) coizas[8] eu vou conta[9] pra vosseir[10]
4. (04) porizenpro[11] eu andei di[12] moto
5. (05) andei di[13] egua[14] fui para casa
6. (06) da minha vor[15] lar[16] eu andei
7. (07) di[17] Blicreta[18] joguei Bola i[19]
8. (08) joguei vidioguei[20] fizemos uma
9. (09) Brincadera[21], vei[22] muintas[23] pesoas[24]
10. (10) foi uma Brincadera[25] tanquilar[26]
11. (11) asistii[27] Bastanti[28] televisão[29]
12. (12) meus primos[30] vinhero[31] passa[32]
13. (13) as ferís[33] lar[34] pracaza[35]
14. (14) ai qui[36] fico[37] mais animado
15. (15) ai nois[38] Brinquemo[39] di[40] pegapega
16. (16) do Sisconde[41] do pulica[42] ladrão
17. (17) Briquemo[43] di[44] luta e nois[45]
18. (18) estava[46] aciozo[47] para vouta[48]
19. (19) a estuda[49] foi tanto[50] vontade

20. (20) queu⁽⁵¹⁾ ate⁽⁵²⁾ sonhei voutando⁽⁵³⁾
21. (21) para⁽⁵⁴⁾ Escola
22. (22) nois⁽⁵⁵⁾ agoraesta⁽⁵⁶⁾ divouta⁽⁵⁷⁾

1. Duranti – o A escreve a sílaba final como a pronuncia – com elevação da vogal /e/.
2. feris – o A suprime o ditongo crescente /ia/, como faz na fala.
3. mi – ocorre o mesmo que em 1.
4. di verti – A interpreta a sílaba inicial como um morfema livre (a preposição de). É um caso de hipersegmentação.
5. muinto – o A preserva na escrita a nasalidade /ĩ/.
6. fiz – observa-se que o A já tem domínio da grafia da letra "z" na forma verbal.
7. muintas – mesmo que 5.
8. coizas – o A ainda não demonstra ter conhecimento da convenção da escrita do fonema /z/ nessa palavra.
9. conta – o A suprime a letra equivalente ao fonema /r/, como é suprimido na fala.
10. vosseir – nesse caso, são três os problemas: (1) o arquifonema /S/, como é suprimido na fala, não é reproduzido conforme a convenção;¹³ (2) a sílaba final é ditongada conforme a fala; (3) é difícil saber por que o morfema de plural foi representado pela letra "r".
11. porizenplo – o A trata os dois morfemas como uma única palavra, reproduzindo o vocábulo fonológico; é um caso de hipossegmentação. Ele ainda não domina a convenção do uso da letra "x" com som de /z/, nem a marca de nasalização da vogal com a letra "m" antes de "p".
12. e 13. di – a sílaba pretônica no vocábulo fonológico sofre a mesma elevação da átona final como em 1 e 3.
14. egua – o A ainda não domina a convenção do acento agudo em paroxítonas terminadas em ditongo crescente.
15. vor e 16. lar – são dois exemplos de hipercorreção.
17. di – elevação do /e/ para /i/.
18. blicreta – há ocorrência de rotacismo e supressão de sílaba.
19. i – como em 1, 3, 12, 13 e 17.
20. vidioguei – o A ainda não domina a grafia desse neologismo.
21. brincadera – o A reduz o ditongo na sílaba tônica por influência do segmento seguinte, como faz quando fala.
22. vei – o A faz a concordância com o sujeito posposto e usa a forma da 3ª pessoa do singular, na qual suprime o ditongo crescente.

Os episódios 11 a 13 são textos produzidos por alfabetizandos, nos anos iniciais do ensino fundamental e na EJA em escolas públicas do Distrito Federal.[14]

Em 11, a autora é uma aluna de 6 anos do terceiro período do Bloco Inicial de Alfabetização (BIA).

Episódio 11
Machocei o meu pezinho.
A cobra me picol.
Minha mão quebrol.
O limão é bom.
Eu subi no pesinho de limão.

Observa-se que a alfabetizanda ainda não tem total domínio da representação do fonema /k/. Usou com propriedade a letra "c" para representá-lo em "cobra" e "picol". Usou o dígrafo /qu/ em "quebrol", mas não o empregou em "machocei", nesta última palavra, ocorre hipercorreção no emprego da letra "o" na sílaba pretônica, onde de fato há uma vogal subjacente /u/. O morfema de terceira pessoa do singular do perfeito do indicativo, representado pelo ditongo decrescente /ou/, foi nas duas instâncias grafado "ol", o que reflete a neutralização dos fonemas /u/ e /l/ em posição final de sílaba, praticamente uma regra categórica em quase todo o território brasileiro (cf. Scliar-Cabral, 2003). O fonema /z/ foi representado na mesma palavra pelas letras "z" e "s" (cf. Bortoni-Ricardo, 2006).

No episódio 12, temos um texto produzido por aluna de 5º ano, com 10 anos de idade.

Episódio 12
Paz na natureza
"No mundo está acontecendo muitos casos de morte, em São Paulo 1.500 pessoas morreram por calsa de dengue, aedes, cancer, ásma e também casos deferentes comos os que eu falei".
Na minha opinião eu acho que deveriam tem mais um pouco de cosideração, amor, carinho, união, e tudo mais bonito, e etc.
Nós podiamos fazer para acabar com isso, dado enxemplos, conselhos e ajudando fazer o serto e não fazer o mal sempre fazer o bem pense o que você faz e que não faz preste atenção não erre seja sempre o feliz unido e amoroso.

O texto é tipicamente uma redação escolar em que a autora reproduz expressões próprias do senso comum, embora enriqueça o texto com algumas informações específicas. Em relação à neutralização do /l/ e da semivogal /w/ em posição de coda silábica, ainda oscila na ortografia, que acertou em "mal" e errou em "calsa". Outra questão de convenção ortográfica não resolvida é a representação do fonema /s/: veja-se, "serto". Na palavra "enxemplos", pode estar reproduzindo a regra de nasalização da vogal inicial de seu repertório. Na sequência "também casos deferentes comos os que eu falei", é flagrante a hipercorreção motivada pelo sintagma plural "casos".[15]

A redação escolar a seguir foi produzida por uma aluna de EJA de 62 anos.

Episódio 13
Tema hoje e sobre o dia do índio
O indo perdeu toda sua liberdade, eles são muito discrimimado pelo nossas
O povo não dar nenhuma inportancia pela cultura idigina.
Eles devem ser respeitados no seu habitar que são as matas e os rios. Hoje ele são afrontados por fazendeiros, que tomaram suas terras.
E matam seu povo com se eles não fosse gente.
O índio deve ser respeitado como ser humano e não ser escarraçados de suas terras como agente ver hoje eles sendo espancardo.

Há problemas no texto de coesão, como a ausência do artigo no enunciado inicial e a incompletude no segundo período, entre outros. A alfabetizanda parece não dominar ainda as convenções de acentuação gráfica, embora tenha usado o acento agudo uma vez na palavra "índio", certamente copiada do quadro; nem é consistente no uso da convenção da marcação de nasalidade das vogais nasais, como em "inportancia" e "idigina", não associando esta última à palavra "índio". Além disso, deixa de fazer concordância nominal e verbo-nominal. Não conhece a grafia de palavras que provavelmente não pertencem ao seu léxico mental: discrimimado/discriminado; habitar/hábitat; escarraçados/escorraçados; e espancardo/espancado. Neste último caso, podemos estar diante de uma hipercorreção como a que ocorre em "o povo não dar".

Em seguida, apresentamos um texto de uma menina de 9 anos, cursando a 3ª série no Distrito Federal.[16]

Episódio 14

O Paiz
Meu sonho é ser feliz
é conhecê novos lugares
e conhecê o mundo
Meu sonho é ter muintos mais amigos

Meu sonho era que o mundo foce um paraizo
tudo moderno
mais tudo em paiz
cada um no seu lugá

Em "conhecê", a autora do texto não escreveu o "r" final. De fato, no português brasileiro, há uma forte tendência para suprimirmos o /r/ final nos infinitivos verbais. Veja que em "ser", o "r" apareceu. É que essa regra de supressão do /r/ é variável. Ora suprimimos o /r/ final na nossa pronúncia, ora o realizamos. Tendemos a suprimi-lo mais frequentemente nos infinitivos e nas formas verbais do futuro do subjuntivo e em palavras com mais de uma sílaba. No texto, vemos que a autora também o suprimiu no substantivo "lugá".

Outro problema que resulta da interferência da pronúncia na escrita se vê na palavra "muintos". Em quase todas as regiões do Brasil, pronunciamos assim essa palavra, e as crianças, quando estão aprendendo a escrever, a reproduzem como a falam. É preciso mostrar-lhes que falamos "muintos", mas escrevemos "muitos". Outra pronúncia regional dessa palavra, encontrada em pontos da região Nordeste, é [mũtʃʊ].

Considerações finais

Neste capítulo, focalizamos a intensa variação na fala de alunos e professores e seus reflexos na produção escrita dos alunos. Esses são problemas que merecem um tratamento prioritário no trabalho pedagógico, mas temos de constatar que a maioria dos professores não está preparada para antecipar tais problemas ou discuti-los quando eles emergem em sala de aula. Poderia ser diferente se os cursos de formação inicial e/ou continuada de professores contemplassem os estudos da Sociolinguística Variacionista. A área que denominamos Sociolinguística Educacional, que se apoia no acervo científico da Sociolinguística Variacionista e Interacional, bem como na etnografia de sala aula, tem como principal compromisso fornecer subsídios sociolinguísticos para a formação de professores.

Os alunos quando chegam à escola já são capazes de usar com razoável competência comunicativa o português, que é a língua materna da grande maioria dos brasileiros. Os professores não precisam preocupar-se em ensiná-los a empregar a língua portuguesa em tarefas comunicativas mais simples, do dia a dia, que já fazem parte de seu repertório. Todos nós começamos a dominar essas tarefas comunicativas desde nossos primeiros meses de vida. À medida que a criança cresce, vai ampliando essas habilidades.

No entanto, é nosso dever na escola ajudar os alunos a refletir sobre sua língua materna. Este capítulo pretendeu dialogar com os professores, de modo a contribuir com o seu trabalho de desenvolver a competência dos alunos e ampliar-lhes o número e a natureza das tarefas comunicativas que já são capazes de realizar, primeiramente na língua oral e, depois, também, por meio da língua escrita. A reflexão sobre a língua que usam torna-se especialmente crucial quando nossos alunos começam a conviver com a modalidade escrita da língua.

Esperamos que este capítulo possa efetivamente ajudar os professores nessas tarefas.

Notas

[1] Cf. também Lucchesi, 2008, sobre o substrato africano nas raízes da ecologia linguística no Brasil.
[2] Ao descrever o conceito, os autores fazem referência a Baxter e Lucchesi (1997) e Lucchesi (2003).
[3] A inclusão da desnasalização de vogais átonas finais leva em conta o tratamento fonológico dado por Mattoso Câmara (1977: 67) às vogais nasais, quando se refere a "uma ligeira consoante nasal de travamento".
[4] Em casos como este, cancela-se não só a vogal medial, mas também a consoante do ataque seguinte, como em lâmpada = lampa/estômago = estomo, para evitar exatamente o padrão silábico hipotético.
[5] Em "bandeijão", podemos estar diante de um falso ditongo.
[6] Os dados provêm do banco de dados do Projeto Pontes UnB/CNPq, disponível em: <www.stellabortoni.com.br>.
[7] Os dados provêm da tese de doutorado de Rocha (2012, em andamento).
[8] Os dados provêm da tese de doutorado de Sousa (2010).
[9] No mesmo enunciado, o falante usou as duas variantes: "oto" e "outra".
[10] Essa regra é muito produtiva em todas as variedades do português do Brasil.
[11] Os dados provêm originalmente da tese de mestrado de Castanheira (2007).
[12] Os dados provêm tese de doutorado de Silva (2012).
[13] O arquifonema pode ser realizado naquela comunidade como uma aspiração, que o aluno representou com a letra r.
[14] Os dados provêm de artigo publicado por Stella Maris Bortoni-Ricardo (UnB) em *Scripta – Revista do Programa de Pós-Graduação em Letras*, do Centro de Estudos Luso-afro-brasileiros da PUC/Minas, v. 9, n. 18, pp. 201-20, 2006.
[15] A ocorrência de "comos" pode ser uma hipercorreção motivada pelo sintagma anterior no plural ou pode ser também a junção do advérbio com o artigo seguinte.
[16] O texto foi coletado por Juliana Moreira Del Fiaco, aluna do curso de Pedagogia na Universidade de Brasília.

Variação fonético-fonológica e ensino de Português

Juliene Lopes Pedrosa

Os vários trabalhos de cunho sociolinguístico já realizados permitem que se trace um perfil dos diferentes falares brasileiros em algumas regiões. Variáveis como o apagamento da coda, o rotacismo e apagamento das líquidas em ataque complexo, ditongação, monotongação e alçamento e harmonização das vogais em posições átonas são muito recorrentes nesses estudos. Sua relação com o processo de aquisição da escrita é muito relevante, já que, de início, os alunos ainda estão se familiarizando com as convenções ortográficas e ainda acreditam que a escrita é uma simples transferência da fala.

O processo de escrita apresenta um grau considerável de dificuldade para a criança no início de sua aquisição. Isso porque o nosso sistema de escrita apresenta dois tipos de organização. O primeiro deles é baseado na proposta alfabética, em que há uma correlação entre a fala e a escrita e o segundo, que diz respeito a uma sistematização ortográfica, que busca anular a variação linguística e propõe uma normatização sem tomar por base a oralidade. Dessa forma, a criança precisa sistematizar dois tipos de conhecimentos: um em que pode fazer uso de conhecimentos prévios advindos da oralidade; outro do qual só terá conhecimento a partir da alfabetização.

Entendemos, portanto, que alguns questionamentos precisam ser levantados:

- Como distinguir se a escrita inicial dos alunos apresenta traços de transferência da fala para a escrita ou apenas reflexo de uma estratégia de teste do sistema ortográfico?
- Até que ponto a teoria fonológica pode contribuir como facilitadora da aquisição da escrita, caso seja ela do conhecimento do professor?

Com vista a responder às questões norteadoras mencionadas, organizaremos este capítulo em duas seções principais.

Na primeira seção, discutiremos alguns processos de normatização ortográfica, em que os aspectos de variação linguística não interferem na aquisição do sistema. Trataremos desses casos observando as particularidades das duas formas de sistematização ortográfica: com e sem correspondência biunívoca entre som e letra.

Na segunda seção, buscaremos verificar em que medida a transferência da fala para a escrita se dá e quais dos processos variáveis são mais recorrentes. Tomaremos por base a escrita de alunos do 2º ao 9º ano e do EJA (Educação de Jovens e Adultos) de escolas municipais de João Pessoa, assim como resultados de estudos variacionistas a partir do *corpus* do Projeto Variação Linguística no Estado da Paraíba (VALPB) (Hora e Pedrosa, 2001), tais como os que envolvem o apagamento da coda (Hora e Pedrosa, 2008) e os processos de ditongação (Aquino, 2004) e monotongação (Silva, 2004). Pretendemos, assim, avaliar possíveis hipóteses que norteiam a escrita desses alunos, atentando para identificar a logicidade de seu comportamento e que possíveis explicações teóricas estão subjacentes.

Sistema de escrita

Os sistemas de escrita podem basear-se nos sons da fala, sistemas fonográficos ou ainda terem por base representativa as ideias, os chamados sistemas ideográficos. Os sistemas fonográficos de escrita têm por propósito principal representar os sons através de um meio menos efêmero do que a fala e que, assim, possibilite o registro e a consequente recuperação na "íntegra" do que foi dito/escrito.

Para atender a esse propósito, surgiram os registros alfabéticos, ou escritas fonéticas, que mais tarde esbarraram com um problema para sua convenção: a variação linguística. É inegável que a variação linguística tornou-se um problema para a escrita fonográfica, já que contrariava o propósito primeiro de "recuperação" de informação, ou seja, de registro capaz de ser lido por qualquer pessoa em qualquer momento.

Weinreich, Labov e Herzog (1968) comprovaram que as línguas variam motivadas por fatores internos e externos ao sistema. Se, por um lado, esse condicionamento motiva a variação, por outro, esse mesmo condicionamento garante o entendimento entre os falantes em uma situação de variação. Isto é, a coexistência de diversos falares sem prejuízo de entendimento pelos falantes é uma comprovação que há uma sistematização dentro desse aparente "caos linguístico" que se deve, como já mencionado, aos fatores condicionadores do processo variável.

Por muito tempo, essa diversidade foi refletida na escrita, mas o caráter assíncrono da escrita anula muitos fatores extralinguísticos que condicionam a variação linguística, dificultando, dessa forma, o entendimento entre quem escreve e quem lê. Assim, com o tempo, tornou-se necessária a escolha de uma forma como padrão de escrita, para que fosse possível anular a variação nesse meio e se permitisse a qualquer falante de qualquer variedade ler e entender o que está escrito. A escolha, então, de que forma variante utilizar na escrita é feita através de uma convenção ortográfica, que, segundo Massini-Cagliari (2005), não pode ser recuperada porque esbarra em questões históricas que se perdem com o decorrer dos anos.

A língua portuguesa utiliza um sistema alfabético ortográfico porque busca representar os sons através de um sistema fonográfico já normatizado pela ortografia, que, consoante Lemle (1988), apresenta o seguinte mapeamento:

1. Uma letra representando um som na fala (P ➔ /p/).
2. Mais de uma forma escrita para um único som (S, SS, C, Ç, SC, SÇ, XC, X ➔ /s/) ou mais de um som representado por uma única forma escrita (E ➔ /e/ e /ɛ/).
3. A representação escrita das variações da fala (t ➔ /t/ ~ /tʃ/).

Quando uma letra representa apenas um som na fala, há uma correspondência direta de um-para-um entre grafema e fonema, como pode ser comprovado no Quadro 1.

Quadro 1 – Relação biunívoca entre grafema e fonema.

LETRA	SOM	EXEMPLO
A	/a/	Aluno, cadeado
B	/b/	Bola, cabo
D	/d/	Dama, cedo
F	/f/	Fato, garfo
H	∅	Hora, história
J	/ʒ/	Janela, caju
K	/k/	Kilograma, kiwi
L	/l/	Lata, mola
M	/m/	Mata, cama
N	/n/	Nata, cana
P	/p/	Pato, capa
T	/t/	Tapa, pote
V	/v/	Vaca, carvão
Y	/i/	Yago

Nesse caso, a criança, ao adquirir o alfabeto ortográfico, utiliza como referência a língua falada, já que a correspondência direta entre som e letra facilita a sistematização desta parte do alfabeto ortográfico. Não queremos dizer com isso que é uma tarefa simples para a criança fazer essa associação, mas que o auxílio do professor na direção adequada pode tornar esse aprendizado menos complexo.

É importante salientar que depois de adquirida, essa parte do alfabeto ortográfico torna-se de fácil utilização, não causando, por exemplo, dificuldade na escrita do adulto. Isso se deve porque, ao testar o sistema e uma vez compreendido que o som /p/ é grafado com a letra P, a criança pode ser orientada pelo professor de que essa correlação será sempre feita, tornando mais fácil a memorização.

Quando há mais de uma forma escrita para um único som ou mais de um som representado por uma única forma escrita, é necessário recorrer a um padrão de escrita, que, em geral, é bastante motivado etimologicamente. Esse caso está representado no Quadro 2.

Quadro 2 – Relação não biunívoca entre grafema e fonema.

SOM	LETRA E CONTEXTO DE USO	EXEMPLOS
[ã]	Ã → vogal nasalizada A + Consoante Nasal	Anão, então, sã, anã Antes, cantam
[õ]	Õ → vogal nasalizada O + Consoante Nasal	Corações, peões Ontem, decompor, som, tom
/s/	C → antes de E ou I Ç → antes de A, O, U no meio da palavra S → no início de palavras ou depois de consoante SS → entre vogais SC → entre vogais, sendo a segunda vogal E ou I SÇ → entre vogais, sendo a segunda vogal A ou O XC → entre vogais, sendo a segunda vogal E ou I X → entre vogais	Ceifar, mercearia, cidade, acima Coração, maça Sapo, silêncio, ânsia, consolar Passo, assado Nascer, discípulo Cresça, floresço Excesso, excipiente Sintaxe, máximo, próximo
/g/	G → antes de A, O, U GU → antes de E ou I	Galinha, gosto, gula Guerreiro, guincho
/ʒ/	G → antes de E ou I J → em todos os contextos	Gengibre, girafa Janela, jeito, jiló, queijo, caju
/k/	C → antes de A, O, U QU → antes de E ou I	Cadeira, louco, cuco Queijo, quilo

/x/	R ➔ na sílaba inicial da palavra RR ➔ entre vogais	Rato, reino Carro, pirraça
/ʃ/	CH ➔ em todos os contextos X ➔ em todos os contextos	Chalé, cheiro, chinelo, choque, bicho, chuva Xadrez, xereta, xícara, queixo, xucro
/z/	Z ➔ em todos os contextos S ➔ entre vogais X ➔ entre vogais	Zagueiro, rezar, zebra, jazigo, zona, zumbi Casa, rosa, riso Exame, exercício, exílio
LETRA	**SOM E CONTEXTO DE USO**	**EXEMPLOS**
E	/e/ ➔ em sílaba tônica /ɛ/ ➔ em sílaba tônica [ẽ] ➔ vogal E seguida de consoante nasal [ẽj] ➔ vogal E seguida de consoante nasal em final de palavra	Medo, dele, cabelo, ipê Aquela, dela, belo, pé Então, embolar, agenda, calendário Tem, também, contém, vintém, parabéns
O	/o/ ➔ em sílaba tônica /ɔ/ ➔ em sílaba tônica	Bolo, agogô, tijolo Bola, mole, cipó
I	/i/ ➔ em qualquer sílaba [ĩ] ➔ vogal I seguida de consoante nasal	Pipa, catita, saci, lidar, citar Ímpar, capim, pingo, motim
U	/u/ ➔ em qualquer sílaba [ũ] ➔ vogal U seguida de consoante nasal	Uva, urubu, caju Umbu, atum, mundo
C	/s/ ➔ antes de E ou I /k/ ➔ antes de A, O, U	Ceifar, mercearia, cidade, acima Carro, coragem, culinária
QU	/k/ ➔ antes de E ou I /kw/ ➔ antes de A, E, I	Querido, aquela, quilo Aquarela, sequela, tranquilo
G	/g/ ➔ antes de A, O, U /ʒ/ ➔ antes de E ou I	Galinha, gosto, gula Gengibre, girafa
R	/r/ ➔ entre vogais /x/ ➔ entre vogais	Caro, pirar Carro, pirraça
S	/s/ ➔ no início de palavras ou depois de consoante /z/ ➔ entre vogais	Sapo, silêncio, ânsia, consolar Casa, rosa, riso
W	/w/ ➔ no início de palavras /v/ ➔ no início de palavras	Wattímetro, William Wanderléia
X	/s/ ➔ entre vogais /z/ ➔ entre vogais /ʃ/ ➔ em todos os contextos /ks/ ➔ entre vogais	Sintaxe, máximo, próximo Exame, exercício, exílio Xadrez, xereta, xícara, queixo, xucro Sexo, tóxico

Como podemos observar no Quadro 2, a relação entre som e letra não é biunívoca e a escolha pela representação se dá através de uma convenção ortográfica, que, em muitos casos, é motivada etimologicamente, por isso existem duas ou mais grafias para um único som, ou ainda, mais de um som representado por uma única letra.

Essa sistematização é considerada mais complexa se levarmos em conta o fato de que não é possível extrair, na maioria dos casos, regras gerais, dificultando o trabalho do professor e do aprendiz, porque, ao estar lidando com casos particulares de convenção, a memorização está vinculada à retomada do padrão de escrita. Sendo assim, as palavras menos utilizadas e, consequentemente, com o padrão de escrita menos acessado causarão mais dificuldade na escrita, mesmo para o adulto.

Por fim, temos mais uma relação de não correspondência biunívoca. O Quadro 3 apresenta os exemplos em que uma letra representa mais de um som na fala, ou seja, mais de uma forma sonora para uma única forma escrita, mas, diferentemente dos casos mencionados no tópico anterior, os incluídos no Quadro 3 refletem os aspectos variáveis na fala.

Quadro 3 – Relação dos aspectos variáveis da fala com a escrita.

CONSOANTES			
PROCESSOS	**LETRA**	**SOM**	**EXEMPLOS**
SIMPLIFICAÇÃO DA PALATAL: LATERAL E NASAL	LH	[ʎ] ➔ entre vogais [li] ➔ antes de [a, o, u] [l] ➔ antes de [e] [j] ➔ entre vogais	Mulher, velho Palha, piolho Colher, Limbo Palhaço, espelho
	NH	[ɲ] ➔ entre vogais [n] ➔ antes de [i] Nasalização da vogal anterior + [∅]	Manhã, sonho Companhia Dinheiro, galinha, caminhão
PALATALIZAÇÃO	T	[t] ➔ em todos os contextos [tʃ] ➔ precedido de [j] ou seguido de [i]/[ɪ]	Tudo, contigo, mato Destino, pente, muito
	D	[d] ➔ em todos os contextos [dʒ] ➔ precedido de [j] ou seguido de [i]	Dado, cadeado, dito Ditado, desde, doido

Variação fonético-fonológica e ensino de português 63

CONSOANTES EM POSIÇÃO DE CODA	VOGAL + L	[ɫ], [w] ➔ meio e final de palavra [Ø] ➔ precedido por [u] no meio da palavra e no final da palavra	Caldo, mel Multa, sul, anel
	VOGAL + R	[h] ➔ antes de consoante surda e final absoluto de palavra [ɦ] ➔ antes de consoante sonora [Ø] ➔ final de palavra	Carta, amor feliz, mar#, amar# Carga, mar negro Agir#, amor#, ser feliz
	VOGAL + M (antes de P e B) VOGAL + N (antes das demais consoantes)	Vogal Nasalizada	Campo, passagem Canto, dente
	VOGAL + X	[s], [ʃ] ➔ antes de consoante surda [ks] ➔ em final absoluto de palavra	Expectativa, texto Látex, fax
	VOGAL + S	[s], [ʃ], [h] ➔ antes de consoante surda ou em final absoluto de palavra [z], [ʒ], [ɦ] ➔ antes de consoante sonora [Ø] ➔ em final absoluto de palavra	Deste, desfazer, mas foi, mas# Desde, desligar, mas menina Mas, dois, três
	VOGAL + Z	[s], [ʃ], [h] ➔ antes de consoante surda ou em final absoluto de palavra [z], [ʒ], [ɦ] ➔ antes de consoante sonora [Ø] ➔ em final absoluto de palavra	Dez casas, dez# Dez dias Dez, arroz, faz, vez
	VOGAL + X	[s], [ʃ], [h], [ks] ➔ antes de consoante surda ou em final absoluto de palavra	Expresso, extrair, exclusivo, fax, box

VOGAIS			
PROCESSOS	**LETRA**	**SOM**	**EXEMPLOS**
MONOTONGAÇÃO E DITONGAÇÃO	VOGAL + SEMIVOGAL	Ditongo → em todos os contextos	Leite, cai, viu, sou
		Monotongo → em contextos propícios ao apagamento da semivogal	Caixa, feira, couro, outro
	VOGAL	Vogal → em todos os contextos	Arroz, luz, paz, mas, três
		Vogal + [j] → seguido por contexto coronal	Arroz, luz, paz, mas, três
ALÇAMENTO E SEMIVOCALIZAÇÃO DAS VOGAIS	E	[e] → em sílabas tônicas e átonas	Medo, elefante
		[ɛ] → em sílabas tônicas e átonas	Festa, elefante
		[ɪ] → em sílabas átonas	Pente, feliz
		[j̃] → junto a uma vogal para formar um ditongo nasal	Põe, corações, mãe
	O	[o] → átonas	Ovo, bobo, joelho
		[ɔ] → átonas	Ovos, morte, copo, colher (subst.)
		[U] → em sílabas átonas	Bobo, coruja, ovo
		[w̃] → junto a uma vogal para formar um ditongo nasal	Mão, pão, chão
	I	[i] → em sílabas tônicas e átonas	Lidar, fino, cabide, saci
		[j] → junto a uma vogal para formar um ditongo	Boi, cai, fui, beijo
	U	[u] → em sílabas tônicas e átonas	Urubu, angu, tatu
		[w] → junto a uma vogal para formar um ditongo	Mau, céu, sou

  Aqui o aspecto ortográfico assume sua função primeira, a de tentar neutralizar os fenômenos variáveis na escrita. E, para tanto, normatiza uma forma para representar as variantes da fala. A palavra *ditado*, por exemplo, pode ser falada [d]itado ou [dʒ]itado, mas deverá ser sempre escrita como "ditado".

  Entendemos que os casos tratados aqui não demonstram apenas uma questão de testar o sistema ortográfico, mas de fazer também uma associação com a variação presente na fala. Acreditamos que a criança, ao escrever "aneu" por "anel", não está apenas testando o sistema ortográfico, como faz com a normatização exposta nos Quadros 1 e 2, mas também está sujeita à interferência dos fatores que envolvem a variação, ou seja, uma criança que produz oralmente [ã'nɛ] e [ã'nɛw] trabalhará com a hipótese de três possibilidades de escrita: a que lhe é apresentada na escola, "anel", e as duas que já conhece a partir da sua fala: "ané" e "aneu". Mas se a criança desconhece a variante [ã'nɛ], muito provavelmente ela só testará "anel" e "aneu". Isto é, a letra L poderá representar três sons no primeiro caso: [ɫ], [w], [Ø] e no segundo, apenas dois: [ɫ] e [w].

Como a variação linguística faz parte da fala tanto da criança quanto do adulto, as dúvidas quanto à normatização dessa variação na escrita também serão alvo de teste para o adulto. Por isso, não é difícil encontrar em escritas de adultos, mesmo os escolarizados, algumas dúvidas em relação à forma ortográfica estabelecida para um fenômeno variável.

Defendemos que o conhecimento dos fenômenos variáveis e dos fatores que os condicionam ajudará o professor a lidar com a variação em sala de aula e, ainda, possibilitará a ele propor estratégias para auxiliar o aluno a sistematizar na escrita essa variação através das normas ortográficas. Por isso, na próxima seção, discutiremos alguns processos variáveis da fala que frequentemente são encontrados na escrita.

Variação linguística e escrita

Como vimos na seção anterior, alguns aspectos variáveis da fala são transferidos para a escrita. Os mais recorrentes são os que envolvem apagamento ou ainda inserção de segmentos, acreditamos que por serem, talvez, os mais perceptíveis.

Optamos por detalhar aqui um contraponto entre dados de fala e de escrita de um mesmo falar, o paraibano. Por isso, iremos utilizar os trabalhos que tratam do *corpus* falado do Projeto VALPB (Hora e Pedrosa, 2001) para estabelecer um paralelo com os dados de escrita de alunos do 2º ao 9º ano e do EJA de escolas municipais de João Pessoa.

Os dados de escrita foram coletados em escolas municipais de João Pessoa, capital da Paraíba, mesma origem dos dados de fala que compõem o *corpus* do Projeto VALPB. O levantamento foi resultado de um trabalho realizado por professores municipais, entre 2009-2010, quando cumpriam o curso de Especialização em Língua Portuguesa, realizado pela UFPB em parceria com a Prefeitura Municipal de João Pessoa (PMJP). A coleta contou, primeiramente, com o levantamento e a discussão de tópicos variados, etapas que culminaram com uma produção escrita referente ao que foi discutido em sala de aula.

De posse dos *corpora*, discutiremos fenômenos envolvendo as codas consonantais e os processos de ditongação e monotongação. E para melhor discutir a análise desses processos, dividiremos esta seção em subseções que tratam isoladamente os fenômenos mencionados.

Consoantes em posição de coda

É sabido que, no português brasileiro (PB), apenas as consoantes /S, L, R, N/ podem ocupar a posição de coda e que essas consoantes se apresentam em processo de variação, fato comprovado pelos vários estudos variacionistas realizados sobre essa posição silábica no PB.

A coda nasal, por exemplo, não se realiza mais na fala como consoante, na prática há um processo de nasalização da vogal e apagamento dos traços consonantais, como podemos observar em (1):

(1)
Campo ➔ /kaNpo/ > ['kãpo]
Canto ➔ /kaNto/ > ['kãto]
Canga ➔ /kaNga/ > ['kãga]
Cantem ➔ /kaNteN/ > ['kãtẽj]

No último caso, que ilustra as codas nasais finais, ocorre um processo de ditongação, além da nasalização da vogal e da semivogal, mas, da mesma forma que nas codas internas, há o apagamento dos traços consonantais.

Nos dados de escrita do *corpus* utilizado por nós, encontramos um processo de teste do sistema escrito quanto à ocorrência de codas nasais que em alguns momentos são omitidas e em outros são expressas, e nesses casos há dúvidas quanto à utilização da letra M ou N, que é uma convenção ortográfica, como podemos observar nos trechos do 5º ano transcritos a seguir:

Informante LB – 5A:
A violência causa muitas polemica principalmentes em familiares e entre os <u>adolesetes</u> como brigas...

Informante MMB – 5A:
A violência e de mais está em todo canto temos que toma uma <u>providecia</u> que muitas...

Informante Y – 5A:
Mas ta**m**bém agente não pode brincar dessas coisas porque esso pode levar a
bricar. Uma vez eu vi na televisão que a mãe tava coloca**n**do a filha dela pra
bricar com a outra.

Informante MB – 5A:
Se o mundo fosse só de paz tudo ia ficar be**m**, mais como não e tudo fica mal,
nesse mu**n**do de guerra o povo fica mais pertubado se**m** paz, e se**m** co**m**forto.

No caso das codas nasais, poderíamos dizer que não se trata mais de um processo variável, mas de um sistema fonológico que se realiza foneticamente de outra forma e que é escrito refletindo o sistema fonológico e não a realização fonética.

As outras codas ainda se apresentam como fenômenos variáveis. Segundo Hora e Pedrosa (2008), as codas /L/ e /R/ têm comportamento bem próximos, já que há uma grande tendência ao apagamento da coda, principalmente a final.

Para corroborar o que foi mencionado, tomemos os dados referentes à lateral. Das 3.703 ocorrências da lateral em posição de coda, 84% é de vocalização [w], 15,6% de apagamento [Ø], 0,2% de aspiração [h] e 0,1% de velarização [ł], conforme explicita o Gráfico 1.

Gráfico 1 – Comportamento do /l/ pós-vocálico na posição interna e final*
(Hora e Pedrosa, 2008).

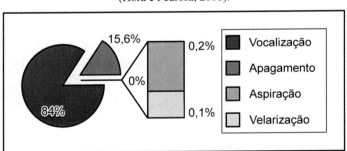

* É importante salientar que os valores presentes no gráfico foram arredondados.

Considerando o baixo índice de ocorrência das variantes aspiradas e velarizadas, constatamos que a relação variável está mais direcionada à vocalização e ao apagamento.

Há, ainda, que levar em consideração que a realização das variantes mencionadas não é a mesma para a coda em posição interna e final de palavra. É possível depreender pelos dados que a variante aspirada [h] ocorre no interior de palavra e o apagamento ([Ø]), principalmente no final de palavra, restringindo seu uso medial à presença das vogais posteriores como contexto precedente, a exemplo do Quadro 4:

Quadro 4 – Distribuição das variantes da lateral /l/ em coda.

Variantes	Posição	Exemplos
[w]	Interior de palavra Final de palavra	pa[w]co jorna[w]
[Ø]	Interior de palavra (precedido por /u/, /o/ ou /ó/) Final de palavra	cu[Ø]pa to[Ø]do pó[Ø]vora pape[Ø], azu[Ø]
[h]	Interior de palavra	pa[h]co fa[h]ta
[ɫ]	Interior de palavra Final de palavra	pa[ɫ]co jorna[ɫ]

Diante dos resultados de fala detalhados por Hora e Pedrosa (2008), podemos esperar ocorrência de escrita que esteja variando entre as letras L, U, R e, ainda, a ausência de marca escrita.

O trecho a seguir poderia reforçar o proposto por Massini-Cagliari (2005), ao dizer que, nesta situação, os aprendizes estão apenas testando a ortografia, já que a letra L representa em muitos casos o som de [w]:

Informante ABSS – 2A:
... a Emilha é sabida ela pegol um pouco de biscoitos e levou para narizinho...

Mas, insistimos, mais uma vez, que diferentemente dos casos de padronização ortográfica, os aprendizes aqui irão testar as variantes possíveis na fala, fato que também demonstra que uma relação com a fala e seus aspectos variáveis é feita, como pode ser comprovado nos trechos a seguir.

Informante GSC – 2A:
Minha escola é muito legal...

Informante MMG – 5A:
... que ter cuidado à pessoa não dever se envorver com droga...

Informante A – 5A:
A pessoa pode até brigar na escola por que não tem medo de ser espusso as pessoas falam da mãe do outro e não se aguenta e da um muro no colega...

... Os pais brigam e descontam no garoto que esta queto no cantinho dele, nem sempre coloca a <u>culpa</u> no garoto(a), quando coloca a pessoa fica triste e fez na escola...

Informante JF – EJA:
O idosos não e para ser <u>mautratado</u> so por que ele são idosos nao e para maltrata varias pessoas da famlila...
... isso falei um poudo do que eu vejo na televisão a <u>matratação</u> dos idosos.

Os dados mostram a representação com L, R, U e a ausência da coda em casos em que o contexto fonológico permite, corroborando que as opções utilizadas são aquelas que se encontram em variação na fala.

Passando aos casos referentes à coda /R/, podemos dizer que expressam comportamento diferente se a coda é no interior ou final de palavras. Segundo Hora e Pedrosa (2008), no interior de palavra foram registradas 4.595 ocorrências, das quais 87% foram para a aspiração [h] – ca[h]ta; 10% foram para o apagamento [Ø] – fo[Ø]ça; 1,4% para o glide posterior [w] – ne[w]vosa; 1% para o tepe [r] – pa[r]do; e 0,6% para o glide anterior [j] – po[j]ca, conforme Gráfico 2.

Gráfico 2 – Comportamento do /r/ pós-vocálico em posição interna*
(Hora e Pedrosa, 2008).

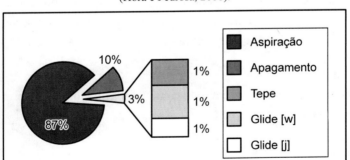

* É importante salientar que os valores presentes no gráfico foram arredondados.

Os resultados obtidos reforçam que as variantes mais produtivas são [h] e o [Ø], embora este último esteja condicionado à presença de fricativas em contexto fonológico seguinte, como podemos comprovar em (2).

(2)
    ce[h]veja ~ ce[Ø]veja
    ga[h]fo ~ ga[Ø]fo
    go[h]jeta ~ go[Ø]jeta
    ma[h]cha ~ ma[Ø]cha

Ainda segundo Hora e Pedrosa (2008), na posição final, há apenas a ocorrência de aspiração e apagamento, como ilustrado em (3), já que das 11.492 ocorrências, 91% foram para o apagamento e 9% para a aspiração.

(3)
    ma[h]# ~ ma[Ø]#
    tumo[h]benigno ~ tumo[Ø]benigno
    ma[h]calmo ~ ma[Ø]calmo
    da[h]sugestões ~ da[Ø]sugestões

Podemos constatar, a partir dos resultados apresentados, que a coda interna favorece a coda aspirada [h] em detrimento do seu apagamento [Ø], já a posição de coda final favorece o apagamento [Ø] em detrimento da sua aspiração [h].

Os dados de escrita refletem esse aspecto variável, principalmente a questão do apagamento. Na fala, as variantes [w] e [j] são utilizadas por falantes que têm um perfil menos urbano. Então, seria de se esperar que na escrita não surgissem muitos casos, já que os dados foram extraídos de alunos de escola pública da capital.

Informante MMG – 5A:
A violência e de mais está em todo canto temos que <u>toma</u> uma providecia que muitas pessoa estão morrendo...

Informante GSC – 2A:
... a escola é o lugar onder agente aprede <u>le</u> e escrever...

Informante MBM – 5A:
A violência traz dor, a violencia traz tristeza, imagine nosso mundo sem violência, seria perfeito, a violência tem vários tipos como: bater, xingar, apelidar, esculachar etc...
... não sentiram nem <u>remoço</u>, mataram brutalmente sem dor, a violência acontece por conta de drogas e por vingança e por conta de uma coisa boba, ...

Informante TLS – 6A:
... o Brasil tem que <u>fica</u> de olho nisso.

Os trechos mostram que os aprendizes ora representam a coda com o R na escrita, ora não marcam a coda, refletindo o apagamento da coda na fala. É importante salientar mais uma vez que o dado não marcado de coda interna apresenta contexto propício ao apagamento da coda na fala.

Por fim, em relação à análise da coda /S/ em posição interna na fala pessoense, podemos destacar as seguintes variantes: alveolar [s, z]: e[s]fera, re[z]vala; palatal [ʃ, ʒ]: go[ʃ]to, de[ʒ]de; aspirada [h]: me[h]mo, de[h]de em contextos sonoros; e o apagamento, embora pouco produtivo, ocorrendo, no caso do *corpus* avaliado, apenas com o item me[Ø]mo.

É importante mencionar, ainda, que a ocorrência da palatal ou da alveolar está condicionada nesse *corpus* ao contexto fonológico seguinte, já que a coda palatal só se realiza quando o contexto seguinte é uma oclusiva dental; nos demais casos, a variante selecionada é, quase sempre, a alveolar, como observado em (4):

(4)
pa[s]ta   de[z]de
go[s]to   re[z]vala
le[s]te   a[z]no
ca[s]ca   me[z]mo
e[s]fera   de[z]leixo

Ainda consoante Hora e Pedrosa (2008), quanto à frequência de uso da coda interna, há uma predominância da alveolar (65%), seguida pela palatal (28%), com poucos casos da glotal (6%) e do apagamento (1%).

Na coda final, o /S/ também se apresenta sob a forma alveolar [s, z] com 65% de frequência, glotal [h] com 6%, palatal [ʃ, ʒ] com 5% e, ainda, sofre 24% de apagamento, fato que nos leva a concluir que o comportamento da coda interna é distinto do da coda final, visto que o apagamento é frequente na posição final e restrito a um item na coda interna.

Os resultados da coda /S/ em posição interna e final podem ser comprovados no Gráfico 3.

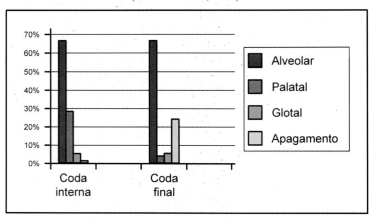

Gráfico 3 – Comportamento do /S/ pós-vocálico (Hora e Pedrosa, 2008).

Os dados de escrita confirmam a tendência à palatalização quando o contexto seguinte à coda é uma consoante dental /t/ ou /d/, como podemos comprovar no dado a seguir:

Informante LB – 5A:
A violência causa muitas polemica principalmentes em familiares e entre os adolesetes como brigas e outra violência como extrupo adolesente.

Sabemos que a letra X é perfeitamente cabível neste contexto, já que existem outras palavras na língua que representam a coda com essa letra, como podemos ver no trecho a seguir:

Informante DSFA – 9A:
A partir daí, os filhos crescem com a violência sofrida e tronam-se pessoas extremamente violentas.

No entanto, percebemos que se fosse realmente apenas uma questão de teste das normas ortográficas, outras letras poderiam ocupar esse lugar, como Z, por exemplo, mas a interferência da produção oral foi decisiva para a escolha do aprendiz, que optou por X.

Nos trechos que seguem, a alternância se dá entre as letras S e Z, já que o contexto é mais propício à variante alveolar, o que nos leva a acreditar que por mais que o sistema ortográfico seja testado, o falante toma por base os aspectos da fala, que, nesse caso, é variável.

Informante ES – 9A:
Na verdade o sentido violência não está so no sentido de guerras, brigas, confrontos, etc. Mas nas mínimas coisas a violência se efetua, como por exemplo, a violência entre esposa e esposo, pra me essa é uma violência mais inrreconhecível no entanto tão seria. Por quê? por que <u>atravez</u> das brigas das discussões, dos palavrões, etc, os filhos aprendem e o resultado disso é o que esta acontecendo hoje.

Informante A – 5A:
A pessoa pode até brigar na escola por que não tem medo de ser <u>espusso</u> as pessoas falam da mãe do outro e não se aguenta e da um muro no colega...

Com esses exemplos do *corpus* escrito, é possível confirmar que o conhecimento sobre a variação linguística na fala é de extrema importância para o processo de alfabetização e letramento, pois, de posse dele, o professor poderá auxiliar o aprendiz a sistematizar com mais propriedade as relações entre letra e som variável. Inclusive pode tratar de aspectos de avaliação dos falantes, que podem atribuir juízo de valor às formas de fala e escrita.

Passemos, então, aos processos que envolvem a variação das vogais e das semivogais.

Ditongação e monotongação

A ditongação é um processo de inserção do glide [j] após a vogal, formando com ela um ditongo. No PB, a coda sibilante é um contexto bastante propício ao aparecimento desse processo.

Em sua pesquisa, Aquino (2004) menciona que dos 8.134 contextos de fala observados, 3.814 foram de ditongação, resultando em 46,9% de casos. Desses casos, o maior índice de ditongação se dá nas codas finais (56%), estando as codas internas (44%) relacionadas ao contexto fonológico propício, conforme explicita o Gráfico 4.

Gráfico 4 – Processo de ditongação
(Aquino, 2004).

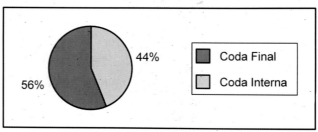

Pelos resultados, a vogal /e/ (56%) associada à coda palatal sonora [ʒ] (66%) – [dejʒdɪ] – e à alveolar sonora [z] (63%) – [mejzmU] – são os ambientes mais favoráveis à ditongação nas codas internas, reforçando que o traço coronal tanto presente na vogal /e/ precedente como na coda seguinte é bastante favorecedor à inserção da semivogal [j].

Na posição de coda final, o traço coronal das alveolares e palatais e a posição final favorecem bastante a ditongação, independentemente, inclusive, do contexto antecedente. Nessa posição, o processo ocorre com todas as vogais, a exemplo de ma[j]s, pé[j]s, trê[j]z, nó[j]s, arro[j]z, lu[j]z.

Informante DRS – 2A
... era uma <u>veis</u> uma vaca que...

Informante JF – EJA
... quando a família sabe fica dizendo que não foi <u>nois</u> isso e muito feia...

Nos nossos dados de escrita, apenas as codas finais apresentaram ditongação e, a exemplo dos dados de fala, o contexto precedente não foi decisivo para o processo, ou seja, nessa posição, a ditongação ocorre com qualquer vogal precedente.

É importante salientarmos que, em alguns dialetos do português europeu (PE), é possível ocorrer a ditongação antecedendo consoantes palatais em posição de ataque silábico, como em "igre[j]ja", "me[j]xer", "le[j]nha", "ve[j]lho". E acreditamos que algumas ocorrências também podem ser encontradas no nosso dialeto, fato que foi registrado no *corpus* escrito, como pode ser visto no exemplo que segue:

Informante GSC – 2A
... na minha escola é assim tem biblioteca cantina, <u>bainhero</u>, sala dos profesores e muitas coisas...

Processo inverso seria o de monotongação, neste caso o ditongo é transformado em um monotongo após o apagamento da semivogal. Esse é um fenômeno bastante comum e que ocorre há muito tempo, desde a passagem do latim vulgar ao português. Silva (2004) analisa os ditongos [aj], [ej] e [ow] na fala pessoense, observando o contexto de uso de cada um deles. Segundo a autora, das 2.738 ocorrências do ditongo [aj], 209 são de monotongação, que correspondem a 8% dos casos; das 4.902 ocorrências do ditongo [ej], 2.150 foram de monotongação, que equivale a 44% dos casos; e das 4.967 ocorrências do ditongo [ow], 4.900 foram de monotongação, correspondendo a 99% dos casos, como pode ser confirmado no Gráfico 5.

Gráfico 5 – Processo de monotongação
(Silva, 2004).

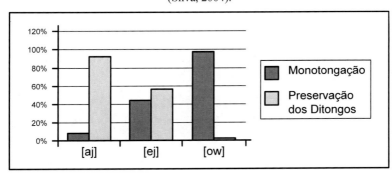

No caso do ditongo [aj], quando o contexto fonológico seguinte é uma palatal /ʃ/ (91%), há um favorecimento à monotongação, a exemplo de caixa ➔ [ˈkaʃa]. Já se os contextos seguintes forem /l/ (25%) – baile – ou /x/ (19%) – bairro –, a monotongação é inibida, e nos demais contextos, inclusive, em sílaba final ou em monossílabo, a monotongação é categoricamente inibida.

A monotongação do ditongo [ej] está associada aos contextos seguintes: /r/ (98%) – cadeira; /ʃ/ (95%) – deixo; /ʒ/ (72%) – beijo, já que os demais contextos inibem o processo, principalmente nos dados em que o ditongo está na última sílaba ou está em uma palavra monossílaba.

Já no caso do ditongo [ow], segundo Silva (2004), percebemos que a maioria dos contextos é favorecedora à monotongação, tanto que as frequências de todos os fatores giram em torno dos 90%: outro (99%), louco (99%), louça (99%), crioulo (99%), roupa (99%), matou# (96%), roubo (94%), ouve (92%), ou ainda, são categóricos como em couro (100%) ou quando o ditongo é uma desinência verbal: sou, vou, ficou, pegou. Isso nos leva a concluir que a monotongação do [ow] é um processo tão recorrente que independe do contexto para ocorrer.

Um resumo dos contextos de aplicação da monotongação de acordo com o ditongo pode ser observado no Quadro 5.

Quadro 5 – Contexto de aplicação da monotongação.

Ditongos	Contexto propício à monotongação
[aj]	/ʃ/ → caixa
[ej]	/r/ → cadeira /ʃ/ → deixo /ʒ/ → beijo
[ow]	→ Todos os contextos fonológicos → Desinência verbal

Podemos concluir pelos resultados apresentados que o processo de monotongação segue um caminho: quanto mais próximos os traços fonéticos entre a vogal e a semivogal maior é recorrência da monotongação: [aj] – (8%), [ej] – (44%), [ow] – (99%); e, quando os traços são mais distintos, o contexto fonológico é bastante relevante para a ocorrência do processo.

Nos dados escritos, encontramos muitas palavras com ditongos e, assim como na fala, há mais casos de monotongação com o ditongo [ow], já que a monotongação do [ej] está restrita ao contexto favorecedor /r/ e o ditongo [aj] não monotongou, mesmo com o /ʃ/ como contexto seguinte, que é favorecedor na fala.

Informante GSC – 2A
... na minha escola é assim tem biblioteca cantina, <u>bainhero</u>, sala dos profesores e muitas coisas...

Informante LB – 5A
... a violência tem que acabar no Brasil e no mundo <u>inteiro</u> pedimos muita paz e união...

Informante CA – 5A
... uma pessoa vê o sinal verde <u>vai</u> atravessar o motorista também vê o sinal verde e <u>acelero</u> com toda a velocidade. É uma das primeiras violências no trânsito...
... quando está tranquilamente dirigindo ouvindo música <u>baixa</u> daí vem um ladrão aponta a arma para e diz <u>sai</u> do carro se não eu atiro e o <u>caminhoneiro</u> <u>sai</u> obedecendo, e ele dá um tiro pega o caminhão e <u>sai</u> correndo...

Informante Y – 5A
A Violência Na escola é assim eles começam a brincar de chutar, da ponta pé um no <u>outro</u> e depois começam a bricar...

Informante DE – 6A
... eu vi que <u>passo</u> no jornal que um homem ia sai no carro e o <u>otro</u> tava na frente do carro ai u homem <u>aseleiro</u> um pouquinho para o homem que tava na frente sai do mei ai ele não sai do mei ai a dona <u>aseleiro</u>...

Informante IGLJ – 6A
... Quando a violência acontece com as mulheres é por que a mulher <u>deixa</u> o seu marido, ou namorado, aí eles pensam logo em matar a sua mulher...

Informante MO – 9A
... Muitas mortes estão acontecendo. Pessoas inocentes morrendo de balas perdidas, tudo está de cabeça para <u>baixo</u>...

Informante ASC – EJA
... A escola tem muita violência as bringas <u>começo</u> xutando o colega <u>chamo</u> palavam é a im qui <u>começo</u> a bringa e su acontese as bringa.

Esses resultados comparativos nos levam a corroborar a concepção de que a relação fala e escrita se complementa, formando um *continuum* ou grade (Marcuschi, 2000; 2005), ou seja, que a comunicação é uma atividade de interação, em que se desenvolvem também as práticas e os eventos de letramento.

Assim, ao pensarmos em uma tipologia que exponha os principais problemas na fala e na escrita, temos de levar em consideração a noção de adequação. Segundo Bortoni-Ricardo (2004), essa noção foi introduzida no âmbito da competência por Hymes (1996) e serve de parâmetro para os interlocutores se comuniquem efetivamente em qualquer circunstância. A competência comunicativa deve ser o alvo principal no processo de letramento, já que aceita a existência da variação regulamentada por fatores socioculturais.

Bortoni-Ricardo (2005) ressalta a contribuição de trabalhos da Sociolinguística para análise, diagnose e auxílio efetivos no ensino. E propõe, para tanto, o seguinte diagrama com base em Corder (1973, apud Bortoni-Ricardo, 2005: 59):

Diagrama 1 – Variação e ensino.

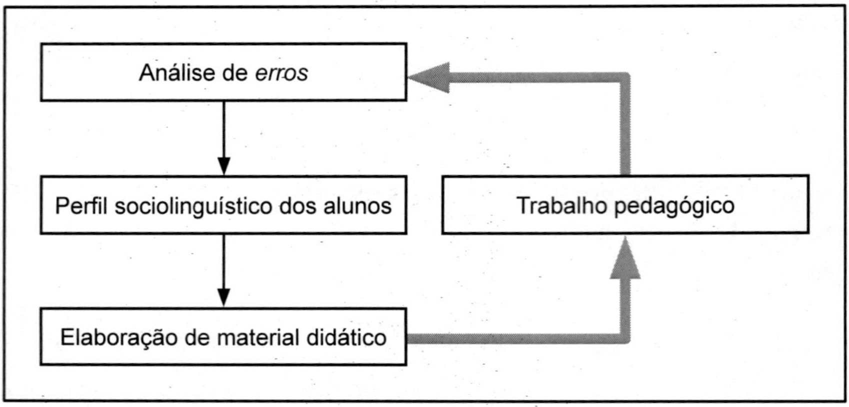

```
┌─────────────────────────────────────────────────────────────┐
│                                                             │
│   ┌──────────────────────┐                                  │
│   │  Análise de erros    │◄─────────────────┐               │
│   └──────────┬───────────┘                  │               │
│              │                              │               │
│              ▼                              │               │
│   ┌──────────────────────────────┐   ┌──────────────────┐   │
│   │ Perfil sociolinguístico dos  │   │ Trabalho         │   │
│   │ alunos                       │   │ pedagógico       │   │
│   └──────────┬───────────────────┘   └──────────────────┘   │
│              │                              ▲               │
│              ▼                              │               │
│   ┌──────────────────────────────┐          │               │
│   │ Elaboração de material       │──────────┘               │
│   │ didático                     │                          │
│   └──────────────────────────────┘                          │
└─────────────────────────────────────────────────────────────┘
```

Com isso, a autora ressalta que "Os 'erros' que [os alunos/interlocutores] cometem são sistemáticos e previsíveis quando são conhecidas as características do dialeto em questão [...]" (Bortoni-Ricardo, 2005: 53). Reforça, dessa forma, a necessidade de se ter uma visão sociocultural da variação, pois, como corrobora Abaurre (1993: 2),

> [...] a criança, ao elaborar hipóteses sobre a escrita, estará procurando representar uma linguagem que até então vinha utilizando exclusivamente de forma oral, em contextos que favorecem a manifestação das estruturas típicas da oralidade... As primeiras tentativas de escrita constituem-se, assim, em espaço privilegiado para se indagar a respeito das *referências* que se esconde por trás das escolhas infantis [...] (grifo nosso).

Segundo Mollica (1998), o apagamento e a epêntese da semivogal são processos que envolvem todo território nacional, com as devidas particularidades de cada comunidade de fala, mas que não parecem oferecer qualquer estigma social a quem os utiliza oralmente. E, por isso, poderão ter aplicação na escrita. Fato que, de forma geral, também pode ser associado ao processo de variação das codas analisado aqui.

Assim, os trabalhos sociolinguísticos de Hora e Pedrosa (2008), Aquino (2004) e Silva (2004) contribuem para identificação e delimitação social da variação no falar pessoense, compondo o quadro de referência da oralidade para os alunos que tentam, através de escolhas, associá-lo à sistematização da escrita. E, ainda, auxiliam em uma pedagogia que propicia aos alunos avaliarem as variantes em uso, desenvolvendo, a partir do contato com a escrita, a aquisição natural do padrão, sem preconceito linguístico.

Considerações finais

Com uma análise mais minuciosa do PB, percebemos que o sistema dessa língua é formado por três tipos de associações: uma com correspondência direta entre letra e som e as outras duas sem correspondência biunívoca, mas uma é normatizada pela ortografia e a outra busca neutralizar os aspectos variáveis da fala.

Para o iniciante na escrita, os três sistemas apresentam dificuldades que precisam ser trabalhadas gradualmente pelo professor, e, para isto, o docente precisa diferenciá-los para se utilizar dos aspectos adequados para cada tipo de associação.

No primeiro caso, é importante que o professor estimule atividades de associação direta, mostrando que em todos os contextos a mesma correspondência entre letra e som é feita.

Para o segundo, é importante que o professor mostre as possibilidades de letras para um som e de um som para letras, esclarecendo que a padronização se dá através de convenções ortográficas. Nesse caso, as atividades precisam estar acompanhadas de um diverso padrão textual para leitura, observação e memorização das normas ortográficas.

O terceiro e último caso está ligado à variação na fala, por isso pressupõe que o professor conheça o condicionamento do processo variável para facilitar na relação com a escrita. E, para tanto, é de extrema importância observar os resultados de estudos sociolinguísticos que possam orientar tanto professor quanto aluno.

O mais importante, independentemente de qualquer que seja a associação, é estimular a escrita de textos espontâneos, não só para o professor ter noção de como está processo de associação do aluno, como também para trabalhar com ele o que precisa de direcionamento.

Esse trabalho deve ser feito através da autoavaliação e da reescrita, monitorada pelo professor. E o primeiro passo é reconhecer que existem mais acertos do que erros e mostrar isso ao aluno. E através da reescrita, fazê-lo perceber o "erro" e buscar saná-lo, além de comprovar que a escrita não é algo estático, mas um processo que exige prática constante.

Variação morfossintática e ensino de português

Silvia Rodrigues Vieira
Gilson Costa Freire

Nas últimas décadas, diferentes estudos sociolinguísticos vêm descrevendo o português brasileiro (doravante PB) tanto na modalidade oral quanto na escrita, o que tem permitido conhecer a realidade linguística do Brasil, que contrasta em muitos pontos com a descrição das gramáticas que servem de base ao ensino de Português. Esses estudos têm trazido informações objetivas e valiosas acerca do complexo jogo de inter-relações entre as variantes que convivem numa mesma comunidade linguística, descrevendo a coexistência de diferentes normas para além da norma prescritivo-pedagógica idealizada pela tradição escolar.

Refletindo o avanço científico desses estudos, os Parâmetros Curriculares Nacionais (PCNs) para o ensino fundamental (Brasil, 1998: 29) reconhecem o fenômeno da variação linguística:

> Não existem, portanto, variedades fixas: em um mesmo espaço social convivem mescladas diferentes variedades linguística, geralmente associadas a diferentes valores sociais. Mais ainda, em uma sociedade como a brasileira, marcada por intensa movimentação de pessoas e intercâmbio cultural constante, o que se identifica é um intenso fenômeno de mescla linguística, isto é, em um mesmo espaço social convivem mescladas diferentes variedades linguísticas, geralmente associadas a diferentes valores sociais.

Por outro lado, o mesmo documento apresenta a escrita e o que se convencionou chamar língua padrão como "objetos privilegiados de ensino-aprendizagem na escola" (Brasil, 1998: 30), sem esclarecer suficientemente que língua padrão seria essa: a dos compêndios gramaticais ou a efetivamente usada pelos brasileiros cultos em eventos de letramento? Sabe-se, todavia, que os modelos linguísticos de "norma-padrão" utilizados pelas escolas, seja em seus materiais didáticos, seja nas diversificadas práticas implementadas pelos professores diariamente, nem sempre condizem com a escrita culta brasileira presente em textos jornalísticos e técnicos ou acadêmicos, domínios usualmente associados como propícios à manifestação das estruturas que podem ser consideradas prestigiosas ("padrão culto escrito").

Essas reflexões iniciais sinalizam que, na realidade, ficam muitas vezes superpostas, na prática escolar, concepções distintas de normas, construto teórico que, por sua própria natureza, se configura a partir de produtiva polissemia. Nesse sentido, é comum que, por trás da generalidade da expressão "norma culta" se apresente ora o conjunto de regras idealizado por renomados filólogos, lexicógrafos e gramáticos, usualmente formulado com base na escrita literária (a "norma gramatical"), ora o ideário de norma estabilizada, que resulta de um processo histórico fortemente unificador, especialmente para a escrita, e que configura, conforme Faraco (2008), uma codificação abstrata que serve de referência, especialmente em sociedades com acentuadas diferenças dialetais (a "norma-padrão").

À Sociolinguística laboviana interessa, em particular, ocupar-se, em primeiro plano, não dos padrões *normativos* que se configuram a partir da "norma gramatical" e/ou da "norma-padrão", mas dos padrões *normais*, os das realizações concretas, de modo a descrever as variedades ou normas em uso. Trata-se, portanto, do conjunto de formas que são de uso comum e preferencial no grupo social, que podem ser quantitativamente atestadas nas descrições (sócio)linguísticas. Dentre essas normas, figura a chamada *norma culta (ou variedades cultas)*, que corresponderia aos usos linguísticos praticados pelo grupo social escolarizado e que domina a fala e a escrita típica de meios letrados.

Os estudos sociolinguísticos realizados no país são suficientes para atestar que não há correspondência total nem entre a *norma culta* (na verdade, o conjunto de variedades cultas, normas efetivamente usadas) e a *norma-padrão* (aquele construto abstrato idealizado pelos indivíduos da cultura letrada), nem muito menos entre a *norma culta* e aquela que é proposta em instrumentos normativos, a *norma gramatical*. Em consonância com essa heterogeneidade de normas, o Guia do PNLD 2011 de Língua Portuguesa para o Ensino Fundamental (Brasil, 2010: 20) propõe que o ensino de Português deve, entre outros objetivos, garantir ao aluno o "domínio das normas urbanas de prestígio, especialmente em sua modalidade escrita, mas também nas situações orais públicas em que seu uso é socialmente requerido". Ao que parece, a expressão "normas urbanas de prestígio" revela-se muito mais apropriada do que simplesmente "língua padrão" ou "norma culta", uma vez que estas últimas acabam por sugerir uma idealizada homogeneidade linguística. De fato, existem variedades linguísticas urbanas no Brasil que gozam de prestígio social, político e cultural, mas que não correspondem necessariamente às prescrições da *norma gramatical*, tomada muitas vezes como língua padrão.

Conquanto tenha havido avanços na descrição sociolinguística do PB e mesmo nas orientações oficiais acerca do ensino de Língua Portuguesa, persiste ainda uma mentalidade de culto à tradição gramatical, o que é reforçado por espaços na mídia cedidos aos agentes conservadores, assim denominados por Kato (1996), que se arrogam a função de zelar pela observância do que consideram norma culta (ou "norma curta" na proposta de Faraco, 2008), defendendo, em colunas de jornal ou em programas de televisão, um ensino dogmático da língua. Acrescente-se a isso o fato de que os livros didáticos, em sua maioria, descrevem o português numa perspectiva ainda muito apegada aos ditames da gramática tradicional, conforme aponta o levantamento feito por Freire (2011).

De acordo com Pagotto (1998), essa norma codificada nas gramáticas que servem de base ao ensino foi forjada a partir do século XIX, consoante a norma então vigente em Portugal, como parte de um projeto de nação elaborado pela elite brasileira, que assim pretendia distanciar-se dos demais segmentos da população. Àquela altura, a gramática do português europeu já se tinha distanciado da língua falada no século XVI, diferentemente do PB, cuja sintaxe ainda exibia traços conservadores da gramática dos descobridores. Por conseguinte, esse gesto da elite intelectual brasileira desencadeou um distanciamento entre fala e escrita, o que foi agravado ao longo do século XX por mudanças empreendidas no sistema pronominal da variedade brasileira, trazendo flagrantes consequências na sua sintaxe.

Com o processo de ampliação do acesso ao ensino em escala nacional, que trouxe para os bancos escolares alunos de classes sociais não privilegiadas, criou-se um desafio para a escola: como lidar com as diferentes variantes trazidas por esses alunos, já que o ideal a ser perseguido sempre foi a norma inspirada nos padrões linguísticos lusitanos? Outra questão que emerge diz respeito à língua padrão falada e escrita efetivamente pelos brasileiros letrados que deveria ser, segundo os PCNs, "objeto privilegiado do processo de ensino-aprendizagem". Kato (2005) sustenta que a gramática do letrado brasileiro não se identifica com a do letrado português, de modo que a tradição escolar, moldada a partir de padrões linguísticos lusitanos, não contempla efetivamente as variedades cultas brasileiras.

No presente capítulo, parte-se do pressuposto de que conhecer a configuração particular das normas de uso efetivamente praticadas pelo indivíduo brasileiro escolarizado (que sinalizaria a gramática do letrado, nos termos de Kato, 2005) é condição para o sucesso escolar no que se refere ao cumprimento de um dos objetivos do ensino de língua portuguesa, qual seja, o de promover o domínio de outras variedades linguísticas ainda não dominadas pelos estudantes.

Considerando os propósitos explicitamente assumidos nos documentos oficiais e em diversas propostas didático-pedagógicas para o ensino de Língua Portuguesa, referentes ao desenvolvimento da competência de leitura e produção textual em diversos gêneros, orais ou escritos, cabe aos sociolinguistas descrever as estruturas que pertencem às normas/variedades cultas, na língua oral e na escrita brasileiras, de modo a permitir que se avalie a proximidade ou a distância dessas normas em relação (i) a outras normas já dominadas pelos estudantes quando chegam à escola (as normas vernaculares); e (ii) a outras normas que se apresentam nos diversos gêneros textuais trabalhados nas aulas de Português, que lidam com materiais da sincronia atual e até de outras sincronias.

Desse modo, este capítulo, considerando o panorama das diferenças entre as modalidades falada e escrita, além da discrepância entre a "norma gramatical" e a efetiva escrita brasileira, apresenta reflexões sobre as estruturas gramaticais que não são do domínio do aluno e precisam ser trabalhadas para a promoção do letramento, seja no nível da recepção (leitura), seja no da criação (produção textual). Com base nos estudos sociolinguísticos, o trabalho privilegia fenômenos morfossintáticos variáveis, considerando estruturas prototípicas da fala, sobretudo a culta, *versus* um quadro bastante diferenciado das construções que se encontram em textos escritos, com graus de formalidade diversos e com maior ou menor compromisso com o que seria prototipicamente caracterizador da escrita padrão. A descrição desses fenômenos permitirá ao professor traçar um *continuum* de variação do que idealmente se concebe como a *norma culta* a ser ensinada, sendo esta também heterogênea como qualquer variedade linguística. Entende-se que, dessa forma, a Sociolinguística cumpre parte do papel que lhe cabe na (in)formação dos professores no que se refere ao trabalho pedagógico com a variação linguística.

Da fala para a escrita: pluralidade de normas no padrão culto

Considerando o contexto escolar, especialmente a trajetória dos níveis mais elementares ao nível médio (que promove o contato até com textos literários de outras sincronias e de outras variedades do português), é preciso admitir que, em cada fenômeno morfossintático, ocorrem, nos textos escolares, desde as variantes mais "formais e típicas de alto grau de letramento" às "mais informais e típicas de baixo grau de letramento". Todas têm lugar na escola, seja nas atividades de leitura, seja nas atividades de produção, a depender fundamentalmente do gênero textual que está sendo trabalhado pelo professor em cada ano de escolaridade.

Em função da grande extensão de usos cultos que aparecem no contexto de sala de aula, foram priorizados, para as reflexões cabíveis nos limites deste texto, resultados científicos de pesquisas que descrevem expressões da norma culta manifesta (i) na fala de indivíduos com nível superior de escolaridade, (ii) na escrita de textos publicados em jornais que não são efetivamente representativos da "voz" do veículo – artigos de opinião, crônicas, cartas, anúncios, entrevistas –, e (iii) na escrita de textos efetivamente jornalísticos – editoriais, notícias, reportagens. A escolha dessas pesquisas justifica-se não só em função do pressuposto de que o grau de escolaridade e o domínio jornalístico constituem instâncias de expressão de variedades cultas, mas também devido à limitação de trabalhos sociolinguísticos sobre a fala e a escrita culta em outros materiais.

Ademais, propõe-se, de partida, que a fala culta e a escrita nos dois tipos de materiais referidos configurem três pontos numa linha imaginária referente aos padrões de uso preconizados pela tradição gramatical em que se baseia a descrição linguística escolar. Em outras palavras, objetiva-se traçar um *continuum* compósito de oralidade-letramento e monitoração estilística, pressupondo que esses três conjuntos de dados representem, a um só tempo, expressões que vão do mais oral ao mais escrito e do menos formal ao mais formal.

Quanto aos fenômenos abordados, foram selecionados, para este capítulo, alguns temas que, ao que parece, exercem forte influência no processo de ensino-aprendizagem de Português, quais sejam: (i) a concordância verbal de 3ª pessoa, inclusive em estruturas de passiva sintética; (ii) as estratégias de indeterminação do sujeito; (iii) os usos dos clíticos acusativo e dativo; (iv) a colocação pronominal; e (v) a alternância *ter* e *haver*.

Concordância verbal de 3ª pessoa

O fenômeno da concordância verbal constitui traço fortemente associado à expressão da "norma culta", de modo que não realizar as marcas canônicas de número acaba por desqualificar o usuário da língua, visto que o traço constitui o que Labov (2008 [1972a]) postulou como estereótipo linguístico. Na realidade brasileira, os estudos sociolinguísticos demonstram um *continuum* quanto à realização das marcas, o qual caracteriza a distribuição das variedades brasileiras das mais rurais e populares – com baixos índices de marcação de plural – às mais urbanas e cultas – com expressivos índices de marcação.

Investigação do fenômeno na fala culta carioca, considerando entrevistas da década de 1970 com informantes com curso superior, do Projeto Nurc-RJ, foi empreendida por Graciosa (1991: 79). A autora, que encontrou índice geral de 94% de marcação do plural, propõe que "na fala culta carioca, a concordância é um fenômeno extremamente controlado, com aplicação quase categórica da regra". Levando em conta as variáveis relevantes para o condicionamento da concordância verbal, o estudo sistematiza os contextos desfavorecedores da aplicação da regra: sujeito posposto ao verbo; sujeito, ainda que anteposto, distante do verbo; e verbo isolado na cadeia discursiva.

Em pesquisa recente considerando a fala de indivíduos com curso superior da área metropolitana do Rio de Janeiro (*corpus* Concordância[1]), Brandão e Vieira (2012) também atestaram produtiva realização das marcas de número (de 90% a 93%), o que sinaliza que, passados cerca de 40 anos, a preferência pela concordância e seu prestígio se mantêm na fala culta carioca.

Os exemplos a seguir ilustram as variantes na fala culta:

(a) **Presença da marca de 3ª pessoa plural**

(01) eles se *conheceram* naquela praça *namoraram casaram* e *foram* morar na Tijuca na:: Adolfo Mota (*corpus* Concordância)

(b) **Ausência da marca de 3ª pessoa plural**

(02) quando eu eu trabalhava antigamente que eles assaltavam muito às vezes eu ia com essas calças compridas essas calças jeans que *tinha* aqueles bolsos atrás na frente do lado aí camuflava o dinheiro recebia pagamento aí (*corpus* Concordância)

A distribuição geral dos dados nos dois referidos estudos encontra-se na tabela a seguir:

Tabela 1 – Concordância verbal de 3ª pessoa na fala culta carioca
com base em Graciosa (1991) e Brandão e Vieira (2012).

Fala	Presença de marca		Ausência da marca	
Graciosa (1991)	316/336	94%	20/336	6%
Brandão e Vieira (2012)	223/240	93%	17/240	7%

As duas investigações de dados da fala culta apontam que a marca de concordância é altamente produtiva e que a não realização da marca se circunscreve a contextos morfossintáticos muito específicos, dentre os quais se destaca a posposição do sujeito, o que demonstra que, também qualitativamente, o fenômeno assume feições particulares suficientes para opor os extremos da fala culta urbana ao da fala popular rural.

Quanto ao padrão culto escrito, a ausência da marca de 3ª pessoa plural, dado seu caráter estigmatizante, é totalmente inesperada, o que acarreta, ao que parece, desinteresse por parte dos linguistas em proceder ao levantamento de dados em textos jornalísticos. Como não se teve acesso a trabalhos sociolinguísticos com os materiais escritos priorizados neste texto, cabe registrar, apenas para dar conta de fenômeno tão importante para a caracterização da escrita culta, o seguinte: mesmo em estudo da concordância de 3ª pessoa em textos teatrais escritos no decorrer do século XX (Monguilhot, 2009), material que reproduziria marcas que se esperam na língua oral, em apenas 12 dados de reprodução de fala que se pode considerar culta não se verificou a marcação de plural, contendo esses exemplos, em sua maioria, estruturas particulares, como a de sujeito posposto e a de sujeito coordenado.

Outro caso particular de marcação de plural que adquire prestígio em certos textos escritos que objetivam o cumprimento das tradicionais regras de concordância diz respeito à chamada construção de voz passiva sintética ("vende-se casas" *versus* "vendem-se casas"). Machado-Vieira e Saraiva (2011) apresentam análise de formas verbais simples e complexas representativas de tais estruturas retiradas de gêneros textuais diversos da fala e da escrita culta (acadêmica e jornalística) carioca. Os exemplos a seguir ilustram o fenômeno:

(a) Presença da marca

(03) Não deveríamos, a partir daí, tentar provar a existência de Deus. Estas coisas *não se provam.* (artigo de opinião)

(b) Ausência da marca

(04) O ganho por produtividade somado às baixas remunerações, *paga-se*, em média, [3 reais] por tonelada extraída, compelem esses homens, muitas vezes, a ultrapassarem os limites físicos. (artigo de opinião)

Dentre os diversos gêneros textuais de que o referido trabalho se vale, verifica-se que, na fala culta carioca representada pelos dados do Nurc-RJ em entrevistas do tipo DID, ocorre mais produtivamente a estrutura sem a marca de plural (63,3%). Nos gêneros do domínio jornalístico[2] – notícias, artigos de opinião, entrevistas transcritas –, os índices gerais verificados pelas autoras, que são praticamente o inverso do que se verificou na fala culta, registram maior produtividade da estrutura com a marca de plural (72%).

Tabela 2 – Concordância verbal em construções passivas sintéticas na língua oral (Nurc-RJ) e na língua escrita (jornais) com base em Machado-Vieira e Saraiva (2011).

	Presença de marca		Ausência da marca	
Fala	11/30	36,7%	19/30	63,3%
Escrita	102/140	72,9%	38/140	27,1%

Embora as autoras não tenham separado os textos consoante o maior ou o menor grau de monitoração estilística, a suposta maior realização da marca de plural nos gêneros mais monitorados, como as notícias, pode ser inferida das observações feitas na análise dos resultados. Ademais, fica bastante evidente o comportamento particular das entrevistas transcritas, que, segundo as autoras, propicia o menor índice de marcação de plural. Em síntese, os resultados sinalizam que, embora a ausência de marca de plural já esteja infiltrada na escrita jornalística, a tradicional concordância de voz passiva sintética ocupa espaço de prestígio, sobretudo na escrita mais monitorada.

Estratégias de indeterminação do sujeito

Trabalhos linguísticos que descrevem as formas de indeterminação do argumento externo[3] na fala brasileira, como os de Duarte (2007b, 2008), têm demonstrado a ocorrência de diferentes estratégias alternativas ao clítico <*se*> e à forma nula com o verbo na 3ª pessoa do plural, preconizadas pela tradição gramatical. Com base na amostra Nurc-RJ, utilizada pela referida autora, exemplificam-se a seguir as diferentes variantes:

(a) Clítico <se>

(05) antigamente jogava-*se* futebol na rua Visconde Silva.

(b) Eles

(06) *eles* deixavam na vila olímpica um monte de bicicletas.

(c) A gente

(07) hoje em dia, quando *a gente* levanta as coisas, é que *a gente* vê tudo o que aconteceu. Mas na época *a gente* não podia acreditar. *A gente* não acreditava nisso, primeiro porque *a gente* era novo.

(d) Nós

(08) agora mesmo *nós* estamos em época de festividades...

(e) Você

(09) [*você*]i quando [*você*]i viaja, [*você*]i passa a ser turista. Então [*você*]i passa a fazer coisas que [*você*]i nunca faria no Brasil.

(f) Zero

(10) [-] não *vê* mais amolador de faca.

A tabela a seguir apresenta os resultados:

Tabela 3 – Estratégias de indeterminação do argumento externo em sentenças finitas na fala com base em Duarte (2007b).

Se		Eles		A gente		Nós		Você		Zero	
26/321	8%	50/321	16%	41/321	13%	8/321	2%	140/321	44%	56/321	17%

Pela tabela, depreende-se que na fala culta o clítico está entre as variantes menos significativas na indeterminação do argumento externo, bem diferente do que ocorre na fala lusitana (cf. Duarte, 2007b). Por outro lado, a variante <*você*> apresenta-se como a predileta na realização da variável. Chama a atenção, ainda, a ocorrência não desprezível de uma categoria vazia, sob o rótulo "zero" na tabela, com interpretação arbitrária: segundo Galves (1998), isso se deve à impossibilidade de interpretar um pronome nulo de referência definida nesses contextos, decorrência do enfraquecimento da concordância no PB.

No que diz respeito à escrita, o trabalho de Duarte (2007b: 89) analisou uma amostra constituída por textos de opinião, crônicas e reportagens publicados na imprensa carioca, que foram tomados como representativos do que a autora chamou de escrita padrão. A partir dessa amostra, são exemplificadas as variantes usadas na escrita:

(a) Clítico <se>

(11) Em nenhum outro país *se* dá mais importância ao IDH do que no Brasil. (artigo de opinião)

(b) Eles (preferencialmente nulo)

(12) [...] o assalto ao Banco Central nos reassegura que ainda $[-]_i$ fazem assaltos em moldes clássicos. (artigo de opinião)

(c) A gente

(13) *A gente* pode não saber, mas a natureza sabe do que é capaz numa ínfima fração de minuto. (crônica)

(d) Nós (preferencialmente nulo)

(14) Realmente não existe mais ética neste país, nenhum princípio moral, nenhum caráter, $[-]_i$ vivemos numa total inversão de valores. (artigo de opinião)

(e) Você

(15) "É muito chato assistir a um filme, quando *você* já conhece o final." (crônica)

Vejam-se os resultados na tabela seguinte:

Tabela 4 – Estratégias de indeterminação do argumento externo em sentenças finitas na língua escrita com base em Duarte (2007b).

Se		Eles		A gente		Nós		Você	
97/268	36%	29/268	11%	13/268	5%	122/268	45%	7/268	3%

Os resultados sinalizam que a escrita brasileira sofre influência do trabalho da escola: as variantes de menor frequência na fala, o clítico <se> e o uso da 1ª pessoa do plural (*nós*), passam a ser as prediletas na indeterminação do agente na escrita, com índices de 36% e 45%, respectivamente. Essa segunda variante, não listada entre as estratégias de indeterminação nas gramáticas que servem de base ao ensino de Português (provavelmente por incluir o falante), compete diretamente com o clítico <se> abonado pela tradição gramatical. Acrescente-se a isso o fato de que o uso da 1ª pessoa do plural se dá com o pronome preferencialmente nulo, assim como o da 3ª pessoa do plural (*eles*), o que também contraria a tendência da fala aos pronomes expressos (cf. Duarte, 2007b).

Embora a autora não tenha separado os textos mais monitorados dos menos monitorados, faz uma observação importante acerca do uso de <*a gente*> e <*você*> como formas de indeterminação, ao dizer que tais estratégias "já começam a se implementar na escrita do PB, mas muito lentamente, e preferencialmente nas crônicas, um texto que é também opinativo, mas de natureza mais leve que os textos de opinião" (Duarte, 2007b: 107). Diante disso, infere-se que os textos mais monitorados parecem estar mais próximos da descrição tradicional, o que evidencia a grande distância entre escrita formal e fala no Brasil.

Uso dos clíticos acusativo e dativo

Diferentes estudos realizados sobre o português falado no Brasil apontam uma redução no emprego do clítico acusativo. Os trabalhos acadêmicos registram a ocorrência de três outras estratégias de realização do objeto direto correferente com um SN mencionado no discurso (acusativo anafórico de 3ª pessoa) em progressiva substituição à variante padrão: o pronome lexical (forma nominativa em função acusativa), o Sintagma nominal (SN) anafórico e o objeto nulo (cf. Duarte, 1989; Freire, 2000). A partir dos trechos extraídos de Freire (2000), com base na amostra Nurc-RJ, são exemplificadas, a seguir, as referidas variantes:

(a) clítico acusativo

(16) Você conversa, você tem um contato diário com [o professor]$_i$, não é, você sabe onde o professor tá, entendeu, você pode procurá-*lo*$_i$, tirar dúvida.

(b) pronome nominativo

(17) Mas isso em vez de socializar mais [as pessoas]$_i$, pelo contrário, tão deixando *elas*$_i$ mais agressivas.

(c) SN anafórico

(18) Eu quis fazer [o estágio]$_i$, porque eu precisava fazer *o estágio*$_i$ para ter diploma de técnico.

(d) objeto nulo

(19) Agora, de qualquer jeito eu fiz [o pré-vestibular]$_i$, até não levei [-]$_i$ a sério, mas mesmo porque eu confiava muito né.

A Tabela 5 apresenta os resultados gerais de Freire (2000) para a função acusativa:

Tabela 5 – Função acusativa na língua oral segundo Freire (2000).

Clítico		Pronome nominativo		SN anafórico		Objeto nulo	
4/117	3%	5/117	4%	40/117	34%	68/117	59%

A partir da tabela anterior, percebe-se o reduzido índice do clítico acusativo, ficando bem abaixo do referente ao SN anafórico e ao objeto nulo, o que está em consonância com outros estudos sobre o fenômeno no PB (cf. Duarte, 1989). Na verdade, as raras ocorrências do clítico na amostra de Freire (2000) apareceram todas em contexto de ênclise ao infinitivo, como exemplificado em (16), apontando certa preferência, na variedade brasileira, pela superficialização do clítico acusativo como <*lo*>, de volume fonético mais expressivo que <*o*>.[4]

Por outro lado, a tabela exibe igualmente uma baixa frequência do pronome nominativo em função acusativa,[5] o que pode estar relacionado ao efeito da escolarização, visto que os informantes possuíam curso superior completo. Já a considerável ocorrência de objetos nulos e de SNs anafóricos na fala de pessoas com alto grau de escolaridade indica que a perda do clítico de 3ª pessoa no PB está se resolvendo em direção à crescente implementação dessas duas formas por não serem estigmatizadas.

Sobre a escrita brasileira, em Freire (2005), a partir de amostra constituída de textos de jornais do Rio de Janeiro, distribuídos em gêneros do menos monitorado (crônicas, entrevistas transcritas) ao mais monitorado (editoriais, artigos de opinião, reportagens), fez-se o levantamento das variantes candidatas à representação do objeto direto anafórico de 3ª pessoa, que são exemplificadas a seguir:

(a) clítico acusativo

(20) Você ainda não se libertou nem vai se libertar nunca. Mas você pode porque seus fantasmas são a matéria-prima com que trabalha. [Os meus]$_i$ só me rendem alucinações e não sei aproveitá-*los* literariamente, artisticamente. (entrevista)

(b) pronome nominativo

(21) Enfim, como toda heroína de novela, [Maria Clara]$_i$ é ingênua. Deixa *ela*$_i$ pensar que vai se dar bem com essa bobagem. (crônica)

(c) SN anafórico

(22) O acidente d[o Rubinho]$_i$ na sexta-feira foi horrível. Ele quis ver *o Rubinho*$_i$ no hospital de Ímola. (entrevista)

(d) objeto nulo

(23) Tinha [uma leiteira de alumínio]$_i$ que pertenceu à minha avó, mas acabei dando [-]$_i$ para uma grande amiga. (entrevista)

Os resultados são exibidos na tabela a seguir:

Tabela 6 – Função acusativa na língua escrita com base em Freire (2005).

Escrita	Clítico		Pronome nominativo		SN anafórico		Objeto nulo	
– monitorada	70/161	44%	10/161	6%	24/161	15%	57/161	35%
+ monitorada	104/142	73%	—	—	14/142	10%	24/142	17%

De forma geral, os dados revelam que a escrita brasileira recupera, de modo bastante expressivo, uma variante praticamente ausente da fala, assim como reduz drasticamente o emprego do pronome reto em função acusativa, chegando a nenhuma ocorrência no nível mais monitorado, fenômeno que evidencia a influência do processo de escolarização. Já na escrita menos monitorada, esse processo não consegue minimizar a frequência das demais estratégias de representação do acusativo anafórico de 3ª pessoa: o SN anafórico e o objeto nulo somados estão em equilíbrio com o clítico. Quanto à ocorrência do pronome lexical em função acusativa nos dados de escrita menos formal, registre-se que, por se tratar de forma saliente foneticamente e muito estigmatizada, <*ele*> não aparece retomando um SN em estruturas simples, mas somente em estruturas nas quais o elemento marcado com caso acusativo é sujeito de uma minioração (p. ex., "E o porteiro do edifício d[o Tom]$_i$ em Nova York só chamava [*ele*]$_i$ de Joe Bean" – crônica) ou sujeito de um grupo específico de verbos marcados "excepcionalmente" com caso acusativo: causativos, de permissão e perceptivos, como exemplificado em (21).

Em contrapartida, parece ser justamente na escrita mais monitorada que a variante prestigiada pela escola se apresenta como a forma mais produtiva de realização do objeto direto anafórico, atingindo 73%. Tal constatação não chega a surpreender, já que é natural esperar que os textos representantes desse nível do *continuum* tenham maior compromisso com a tradição literária e gramatical: conforme lembra Bortoni-Ricardo (2004: 52), a imprensa é uma das "agências padronizadoras", responsáveis por codificar a língua numa cultura de letramento. Por conseguinte, aquilo que prescreve a tradição deve aparecer com mais força nessa extremidade do *continuum*. Não obstante isso, os dados relativos à variedade brasileira mostram que nem na escrita mais monitorada essa tradição é absoluta, porquanto até nesse extremo do *continuum* o clítico está em competição com outras variantes, que juntas chegam a constituir quase 30% das ocorrências. Por conseguinte, os resultados aqui aduzidos apontam para um fato contundente e inegável: já se encontram infiltradas na escrita estratégias alternativas ao clítico acusativo comuns na fala, destacando-se o objeto nulo.

Quanto ao clítico dativo, os trabalhos acadêmicos sobre a fala brasileira registram a substituição dessa variante por uma categoria vazia ou por um Sintagma preposicional (SP) anafórico, sendo este com a forma tônica do pronome ou com SN pleno (cf. Gomes, 1999; Silveira, 2000; Freire, 2000). Observem-se os exemplos extraídos de Freire (2000):

(a) SP anafórico

(24) [Meu filho]$_i$ é uma pessoa que curte roupas [...], às vezes eu peço *a ele*$_i$ para ir comprar o jornal pra mim no jornaleiro.

(b) objeto nulo

(25) [O menino]$_i$ deve ser louco pra comer açúcar. O dia que ele pegar um saco de bala né, mas não sou eu que vou dar [-]$_i$ né.

A tabela a seguir apresenta os resultados gerais de Freire (2000) para a função dativa:

Tabela 7 – Função dativa na língua oral segundo Freire (2000).

Clítico		SP anafórico		Objeto nulo	
—	—	9/14	64%	5/14	36%

Nas 12 entrevistas com informantes de nível superior completo analisadas,[6] não houve um só uso da variante padrão, de modo que as estratégias alternativas a ela se mostram muito produtivas no PB, o que o diferencia fortemente do português europeu, que faz largo uso do pronome dativo em referência à 3ª pessoa (cf. Freire, 2000). A ausência do clítico dativo na fala brasileira para referência à 3ª pessoa costuma ser atribuída a um fenômeno que vem se registrando em grande parte do território brasileiro: o uso do pronome <*você*> como forma de tratamento de 2ª pessoa em lugar de <*tu*>, licenciando assim o emprego de <*lhe*> para referência à 2ª pessoa, o que é descrito pela própria gramática normativa (cf. Rocha Lima, 1998). Essa descrição, todavia, prevê que tal clítico seja usado somente em função dativa, cabendo ao clítico <*o*> representar a função acusativa. Não é o que acontece na fala espontânea, visto que o pronome <*lhe*> aparece também como objeto direto (p. ex., Amigo, eu já *lhe* conheço de algum lugar). Isso se explica pelo fato de o clítico acusativo estar em progressivo desaparecimento, de modo que a forma <*lhe*> acabou assumindo comportamento sintático similar ao do clítico <*te*>, que pode aparecer tanto em função acusativa quanto dativa. Dessa forma, o falante brasileiro já não percebe o clítico dativo como referente à 3ª pessoa, fazendo uso então do objeto nulo e sobretudo do SP anafórico para representação do objeto indireto anafórico de 3ª pessoa.

No que diz respeito à escrita brasileira, em Freire (2005) também se procedeu, do nível menos monitorado ao mais monitorado, ao levantamento das variantes candidatas à representação do objeto indireto anafórico de 3ª pessoa, que são exemplificadas a seguir:

(a) **clítico**

(26) São divertidos [os candidatos]$_i$: querem que os eleitores *lhes*$_i$ confiem a gestão dos impostos que pagam [...]. (crônica)

(b) **SP anafórico**

(27) Fiz essa música belíssima em especial para [Roberto]$_i$, mandei *para ele*$_i$, mas não foi possível para ele gravar. (entrevista)

(c) objeto nulo

(28) Em seus ensinamentos a[o Príncipe]$_i$, Maquiavel recomendou [-]$_i$ que más notícias e decisões amargas sejam anunciadas de uma vez só. (editorial)

A próxima tabela exibe o quantitativo e o percentual de ocorrência de cada variante:

Tabela 8 – Função dativa na língua escrita segundo Freire (2005).

Escrita	Clítico		SP anafórico		Objeto nulo	
– monitorada	8/51	16%	22/51	43%	21/51	41%
+ monitorada	32/76	42%	22/76	29%	22/76	29%

A tabela evidencia que a frequência do clítico dativo na escrita brasileira está fortemente relacionada a eventos de comunicação mais monitorados, representativos da cultura de letramento. Percebe-se que a escrita menos monitorada mantém as tendências da fala, isto é, o abandono progressivo da variante prescrita pela tradição em favor do SP anafórico e do objeto nulo. Além disso, mesmo na escrita mais monitorada, constata-se que o clítico dativo está longe de ser uma variante dominante, uma vez que ainda tem de competir com as duas outras estratégias de realização do objeto indireto anafórico de 3ª pessoa, que juntas constituem mais da metade dos dados levantados. Por conseguinte, os resultados sinalizam que também na função dativa as estratégias alternativas à variante considerada padrão estão infiltradas na escrita, o que evidencia a influência limitada da escola na recuperação do pronome dativo com referência à 3ª pessoa na escrita brasileira. É provável que as baixas taxas de uso do clítico dativo – o que sinaliza que este tema deva ser priorizado pelos professores em sala de aula – se correlacionem ao problema da avaliação laboviano: como as demais variantes não costumam ser estigmatizadas, o processo de mudança parece ser naturalmente favorecido, mesmo na escrita mais monitorada.

Ordem dos clíticos pronominais

O tema da colocação pronominal tem sido amplamente utilizado nas descrições da fala e da escrita brasileiras. A célebre prescrição "não se começa frase com pronome átono" ocupou e ocupa a agenda de orientações escolares para a produção textual, o que certamente tem impacto na escrita de determinados gêneros textuais. A descrição sociolinguística do fenômeno, em construções com uma só forma verbal ou com os chamados complexos verbais, permite caracterizar as normas efetivamente praticadas na fala e na escrita brasileiras.

Com uma só forma verbal

No que diz respeito às construções com uma só forma verbal, o levantamento de dados das modalidades falada (popular e culta) e escrita (editoriais e crônicas/artigos de opinião) realizado por Vieira (2002) permite propor um panorama, com base na realidade do Rio de Janeiro, das últimas décadas do século XX. Valendo-se das ocorrências apresentadas pela autora, podem-se exemplificar as construções em questão:[7]

(a) Posição pré-verbal (próclise)

(29) olha... uma vez *me contaram* uma coisa que eu quase não acreditei. (*corpus* Nurc-RJ)

(b) Posição pós-verbal (ênclise)

(30) *come-se* bem, mas *paga-se* muito. (*corpus* Nurc-RJ)

Na maioria dos dados de fala analisados pela autora – que contemplam informantes analfabetos, medianamente escolarizados e com curso superior[8] –, a conhecida preferência pela colocação pré-verbal é evidente (89%). A autora procede, então, ao levantamento dos contextos em que a colocação pós-verbal (11%) sobrevivia na variedade brasileira.

Tabela 9 – Ordem dos clíticos em construções com uma só forma verbal na língua oral segundo Vieira (2002).

Variante pré-verbal (próclise)		Variante pós-verbal (ênclise)	
1.221/1.369	89%	148/1.369	11%

A distribuição dos dados revela que, independentemente da presença de um tradicional atrator, se dá a concretização da variante pré-verbal de forma expressiva no PB oral, seja na fala popular, seja na fala culta. Quanto à faixa etária, o estudo revelou que os informantes idosos apresentaram menor tendência à realização da próclise, o que sugere que os poucos contextos de aplicação da forma pós-verbal, passados 40 anos, da década de 1970 aos dias atuais, podem ainda ser menos produtivos.

Sintetizando os resultados da análise variacionista empreendida em Vieira (2002), verifica-se que o PB oral tem como pilar básico, quanto às restrições linguísticas, o grupo de fatores relativo ao tipo de pronome átono. A tabela a seguir permite observar o comportamento dessa variável no que se refere à aplicação da variante pré-verbal.

Tabela 10 – Aplicação da próclise segundo a variável "tipo de clítico" em construções com uma só forma verbal na língua oral segundo Vieira (2002).

me, te, nos		se		lhe(s)		o, a(s)	
574/577	99%	627/760	83%	16/21	76%	4/11	36%

Os resultados revelam que os pronomes de 1ª e 2ª pessoas registram praticamente apenas dados de próclise[9] (99%), tendência seguida, em segundo lugar, pelos dados de <*se*>, tomados em conjunto (83%), e de <*lhe*> (76%).

Essa preferência pela variante pré-verbal não foi registrada nos dados do clítico <*o/a*(s)> (36%). Esse clítico, pouco produtivo no PB oral (11 das 12 ocorrências foram produzidas por falantes com curso superior), aparece preferencialmente em posição pós-verbal, principalmente nos contextos com infinitivo (4 dos 6 dados), confirmando a estratégia de recuperação do padrão silábico mais comum no PB. Um dado ocorreu com gerúndio ("... é *forçando-o* a transpor determinados obstáculos"), forma nominal que costuma favorecer a ocorrência da ênclise. O dado restante ("eu tenho os cartões de crédito de todos os bancos... estão guardados a chave e nunca *utilizei-os*...") inclui-se nos casos em que o falante ignora a presença do tradicional atrator (*nunca*), sinalizando que o indivíduo escolarizado, na tentativa de realizar um padrão culto que não é natural em sua norma vernacular, acaba por realizar construções particulares que não necessariamente coincidem com a norma gramatical.

Os cinco exemplos de variante pós-verbal com o pronome <*lhe*> (apenas 24% dos casos) referem-se à expressão dar + lhe + SN ("*dei-lhe* um tranco, *dei-lhe* um, *deu-lhe* um [melê], *dá-lhe* uma esculhambação, *deu-lhe* uma coça"), configurando, assim, uma espécie de uso cristalizado da variante enclítica. Todos os demais casos apresentaram a próclise por opção ("eu lhe garanto"), independentemente da presença de tradicionais atratores.

A análise multivariada empreendida em Vieira (2002) revela que a tendência à ênclise pode ser observada especificamente em construções que podem ser consideradas indeterminadoras. A ênclise com <*se*>, sobretudo com a forma verbal na 3ª pessoa do singular, costuma ocorrer inclusive nos contextos com tradicionais atratores ("isso que eu acho que antigamente *tinha-se* mais filho do que hoje"; "então eu achava que *vivia-se* de amor e realmente (est) [vivemos]". – *corpus* Peul). Ao que parece, essa construção sugere uma espécie de uso cristalizado da ênclise como forma de indeterminação do agente.

Os dados da escrita (editoriais e crônicas/artigos de opinião[10]) examinados em Vieira (2002) confirmam que a colocação pronominal constitui fenômeno fortemente diferenciador da fala em relação à escrita culta. Enquanto na fala se verifica a próclise quase categórica, a distribuição dos dados da escrita pelas posições pré e pós-verbal é compatível com o que se verifica em textos europeus, o que pode ser atribuído à influência do processo de escolarização: cerca de metade dos dados para cada variante.

Tabela 11 – Ordem dos clíticos em construções com uma só forma verbal na língua escrita segundo Vieira (2002).

Variante pré-verbal (próclise)		Variante pós-verbal (ênclise)	
108/201	54%	93/201	46%

Na comparação dos resultados com os obtidos na fala, é necessário atentar para o fato de que, no *corpus* escrito, praticamente não aparecem pronomes de 1ª e 2ª pessoas, de modo que os resultados se referem principalmente às formas pronominais <*se, lhe(s), o,a(s)*>, o que também é revelador das diferenças entre as modalidades.

No *corpus* escrito, além do condicionamento relativo ao tipo de clítico (há 76% de próclise com <*se*> reflexivo/inerente, contra 43% com <*se*> indeterminador/apassivador, 44% com <*o, a(s)*> e 25% com <*lhe(s)*>), manifesta-se a adoção de um modelo para a imprensa brasileira em que atua o "elemento antecedente ao verbo". Ocorre que a atuação dessa variável não é compatível com a obrigatoriedade tradicional da próclise na presença dos chamados atratores; antes, um padrão tipicamente brasileiro emerge nos dados da imprensa carioca, como se pode observar na tabela a seguir:

Tabela 12 – Aplicação da próclise segundo a variável "elemento antecedente ao verbo" em construções com uma só forma verbal na língua escrita segundo Vieira (2002).

Nenhum elemento		SN sujeito		Conj. coord./adj. adverbial		Operadores diversos	
1/52	2%	21/31	68%	10/28	36%	76/90	84%

De um lado, é possível afirmar que o contexto inicial de oração praticamente impediu a próclise no material analisado, conforme recomenda a tradição escolar (apenas uma ocorrência em artigo de opinião: "*Nos falta*, mais que tudo, uma determinação de mudar o patamar de nossa independência"). Esse contexto, de modo especial, é impressionantemente marcado como sinalizador das diferenças entre a colocação pronominal segundo a dicotomia fala e escrita formal, o que não ocorre em todas as estruturas morfossintáticas. O contexto com conjunção coordenativa e Sintagma advervial (SAdv)/Sintagma preposicional (SP) em função adverbial, que na maioria dos dados não contém atratores, não registrou a próclise de forma expressiva (36%). Em outro extremo, que inclui partículas atratoras, registrou-se maciça preferência pela próclise (84%). Ocorre que a presença de SN sujeito, que não figura nas listas tradicionais de partículas atratoras, também acarretou preferência pela variante pré-verbal (68%). Vale a pena registrar exemplos das tendências ora sistematizadas:

(a) Verbo em posição inicial

(31) *Perderam-na* também os dois governadores. (editorial)

(b) Pronome antecedido de SN sujeito

(32) Os habitantes *se armaram* porque não confiam na polícia; paradoxalmente, quadrilhas dos morros compram armas da própria polícia porque confiam nela. (editorial)

(c) Pronome antecedido de conjunção coordenativa/adjunto adverbial

(33) Paradoxalmente, quando o crédito aos países em desenvolvimento está na mesa, imediatamente se faz distinção e *cobram-se* taxas elevadas. (editorial)

(d) Pronome antecedido de partícula atratora tradicional

(34) Onde não *os havia*, estava "uma população disseminada, semibárbara". (crônica)

Também diferentemente do que prescreve a norma gramatical, figuram alguns casos de ênclise em contextos em que se esperaria a próclise. Ao que tudo indica, o indivíduo escolarizado brasileiro percebe a ênclise como um marcador sociolinguístico, um índice de prestígio que sinaliza letramento; assim, acaba produzindo essa estrutura em contextos não abonados pela tradição gramatical, como se registra no exemplo a seguir:

(35) E assinalei que, no Brasil, com as privatizações, ao contrário do que prometia o governo, o sistema elétrico não se expandiu (é o mesmo que já existia), não *reduziram-se* as dívidas interna e externa (cresceram muito) [...]. (artigo de opinião)

Quanto aos graus de monitoração estilística, que certamente exercem influência sobre as tendências verificadas em Vieira (2002), é preciso ressaltar o fato de que o levantamento bruto das formas pré e pós-verbal em textos jornalísticos e/ou a análise isolada de exemplos não permitem traçar generalizações seguras acerca do comportamento da escrita culta mais ou menos monitorada.[11] Há que se proceder a uma apuração quantitativa e qualitativa detalhada do fenômeno por gênero textual, por contexto morfossintático e por tipo de clítico.

Em síntese, nas construções com uma só forma verbal com clíticos que são efetivamente adquiridos no PB (<*me, te, se*> reflexivo), os dados revelam que se dá a próclise generalizada. Com os clíticos que se relacionam mais especificamente ao domínio culto, dois deles garantem a sobrevivência da ênclise, ainda que pouco produtiva: <*o,a*(s)> e <*se*> em construções de indeterminação do agente. Na escrita, tem-se outro sistema de colocação pronominal com forte condicionamento morfossintático, sensível ao contexto de verbo em posição inicial, certa atuação das partículas atratoras tradicionais, além do tipo de clítico. De todo modo, é relevante a diferença da escrita do letrado brasileiro em relação ao que se propõe na norma gramatical, tendo em vista duas características que podem ser destacadas: (i) a presença expressiva de próclise em contextos sem tradicionais atratores, em particular diante de sujeito; e (ii) a presença, menos expressiva mas não desprezível, de ênclise em contextos com tradicionais atratores.

Com mais de uma forma verbal

Em contextos com mais de uma forma verbal, os pronomes átonos podem ocupar as seguintes posições: antes de v1 (*se deve fazer*), depois de v2 (*deve fazer-se*) ou ainda, na posição interveniente, depois de v1 (*deve-se (até) fazer*) ou antes de v2 (*deve (até) se fazer*).[12]

Considerando dados da fala do Rio de Janeiro, além do trabalho de Vieira (2002),[13] Corrêa (2012) procedeu ao levantamento da ordem dos clíticos em complexos em entrevistas contemporâneas (2007-2010) com informantes – de nível fundamental, médio e superior – da área metropolitana do Rio de Janeiro (*corpus* Concordância). A tabela a seguir apresenta a distribuição dos dados nos referidos trabalhos.

Tabela 13 – Ordem dos clíticos em complexos verbais na língua oral segundo Vieira (2002) e Corrêa (2012).

Fala	cl v1 v2		v1 cl v2		v1 v2 cl	
Nurc-RJ	14/248	6%	227/248	91%	7/248	3%
Corpus Concordância	5/258	2%	247/258	96%	6/258	2%

Em ambas as pesquisas, foi constatada a predominância da variante interna ao complexo. Vieira (2002: 318) apresentou evidências de que a ordem v1 cl v2 era a mais produtiva, "independentemente da atuação de qualquer tipo de elemento condicionador"; por isso, constituía a variante não marcada. Com dados coletados após cerca de 40 anos, os resultados de Corrêa (2012) confirmam essa tendência geral, com índices ainda superiores, quase categóricos. Ao que tudo indica, os dados contemporâneos revelam que a colocação pronominal na fala reflete, muito mais que a suposta variação estável, uma tendência à invariabilidade. A análise qualitativa das posições cl-v1 v2 e v1 cl-v2 é esclarecedora.

Em Vieira (2002), chama a atenção, em termos estruturais, o fato de que nove das ocorrências com a construção pré-complexo verbal se referem ao <se> em estrutura indeterminadora (como em "quando *se vai comprar* alguma coisa... a gente tem o problema de dar uma entrada grande... certo" – Nurc-RJ). Nessas estruturas (quase todas infinitivas), foi registrada uma partícula considerada tradicionalmente atratora, havendo em seis dados a seguinte construção: partícula de negação + verbo modal *poder/dever* + infinitivo. Nos demais casos, foram registradas duas ocorrências de <se> ligado ao verbo auxiliar ("habituar" e "pôr") e uma de <me> em voz passiva, bastante cristalizada ("não *me é dado* observar"). Em termos extralinguísticos, é digno de menção o fato de que nenhuma das ocorrências foi produzida por informantes analfabetos; ao contrário, quase todas (com exceção de duas, na fala de informantes com ensino médio) foram produzidas por indivíduos com curso superior.

Em Corrêa (2012), nas cinco ocorrências da variante pré-complexo verbal, o clítico que precedeu o complexo verbal foi do tipo <se> indeterminador ("isso nunca *se vai saber*" – *corpus* Concordância). Quanto ao tipo de complexo, todos com v2 no infinitivo, quatro são formados por v1 modal (*dever* ou *poder*); apenas uma ocorrência corresponde à construção *ir* + infinitivo. A respeito do contexto morfossintático antecedente, houve, quase sempre, uma partícula de negação; apenas em um caso, ocorreu o pronome relativo *que*. Dentre as características sociais dos informantes que produziram essas cinco ocorrências, também se pode destacar o grau de escolaridade do indivíduo entrevistado: a variante cl v1 v2 foi produzida quase exclusivamente por indivíduos com ensino superior.

Quanto à posição pós-complexo verbal, a observação dos exemplos das pesquisas de Vieira (2002) e Corrêa (2012) permite afirmar que a colocação v1 v2-cl, rara no PB, se concretiza em circunstâncias muito específicas. A construção que a favorece, em primeiro plano, é a seguinte: forma finita + infinitivo + clítico acusativo de 3ª pessoa (8 dos 13 casos), como em "e *pode gastá-lo* à vontade" (Nurc-RJ). A posposição do pronome ao complexo também ocorreu, uma vez, com o pronome <lhe>, em estrutura com o verbo *dar* (*vai dar-lhe*), que, ao que parece, constitui, de fato, uma expressão cristalizada. Os outros dois casos de ênclise ao complexo ocorreram com o pronome <se> (em *poder manter*-se e *estava fazendo-se*). Sobre o contexto morfossintático antecedente, verificou-se que a variante v1 v2-cl ocorre mesmo na presença de tradicionais partículas atratoras, de modo que, também em contexto com complexos, há evidências de que não atua qualquer mecanismo de atração do pronome.

No estudo de Corrêa, dentre as variáveis sociais relativas aos informantes, foi na escolaridade novamente que se obteve maior regularidade: 9 de 13 dados foram produzidos por indivíduos com ensino superior e 4 de 13, por informantes com ensino médio. Falantes com ensino fundamental ou sem escolaridade não concretizaram ênclise ao complexo.

Quanto à colocação v1 cl v2, com exceção dos acusativos de 3ª pessoa (que não apareceram nessa ordem), os clíticos ocorrem no interior do complexo verbal com frequência em circunstâncias diversas, o que faz do padrão v1 cl v2 a ordem não marcada. Os exemplos demonstram estruturas tipicamente brasileiras, que deixam claro que, independentemente da presença de elemento proclisador ou da forma dos auxiliares ou do verbo temático, restrições tradicionais à posição interna ao complexo, o PB registra a próclise a v2.[14]

(36) no supermercado eu não *tinha me lembrado*... (*corpus* Nurc-RJ)
(37) eu vou *acabar me enrolando* que o negócio é bastante complicado... (*corpus* Nurc-RJ)
(38) o professor *poderia me:... esclarecer*... (*corpus* Nurc-RJ)

Corrêa (2012) demonstra que, excetuando <se> indeterminador, que ocorreu em próclise ao complexo e raramente entre as duas formas verbais (como em "não sei quanto se roubava antes mas *continua se roubando* hoje" – *corpus* Concordância), e <o/a(s)>, que ocorreu exclusivamente na posição v1 v2-cl, não houve variação na ordem nas estruturas com os demais pronomes mais recorrentes – <me>, <te> e <se> reflexivo/inerente.

Em síntese, de acordo com a descrição dos dados, a próclise a v2 é a ordem não marcada geral. Sobretudo na fala de informantes com maior acesso à escolaridade, a construção indeterminadora com <se>, especialmente em complexo formado por *poder* ou *dever* mais infinitivo, antecedido de uma partícula (principalmente negativa), constitui contexto de realização da posição cl v1 v2. A posição v1 v2-cl é verificada quase exclusivamente com o clítico acusativo em complexos com infinitivo.

Do mesmo modo que se observou nas construções com uma só forma verbal, a colocação pronominal em complexos verbais assume comportamento bastante diferente na escrita culta. Dois estudos que quantificaram dados da escrita jornalística dão suporte à caracterização que ora se faz: Nunes (2009), que apresenta resultados relativos a anúncios, editoriais e notícias publicados no decorrer do século XX, e Peterson (2010), que apresenta o comportamento do fenômeno em cartas de leitor publicadas no início do século XXI em três veículos jornalísticos,[15] endereçados às classes alta, média e baixa do Rio de Janeiro.

A tabela a seguir exibe o comportamento da ordem com o complexo verbal especificamente em posição inicial absoluta nos dois referidos estudos.

Tabela 14 – Ordem dos clíticos em complexos verbais na língua escrita em contextos de verbos no início de oração, com base em Nunes (2009) e Peterson (2010).

	cl v1 v2		v1-cl v2		v1 cl v2		v1 v2-cl	
Nunes (2009)	0/13	0%	5/13	39%	0/13	0%	8/13	61%
Peterson (2010)	0/15	0%	4/15	27%	5/15	33%	6/15	40%

Nas poucas ocorrências de clíticos em complexos verbais no início absoluto de oração, não se realizou a próclise do pronome a v1 em nenhuma das fontes pesquisadas, em consonância com a recomendação tradicional de não se iniciar oração com pronome átono. Outra semelhança dos resultados relaciona-se à variante v1-cl v2, concretizada em 39% dos dados em editoriais, anúncios e notícias e em 27% dos dados nas cartas de leitor. O emprego dessa posição parece estar relacionado com a presença de elemento entre as duas formas verbais, sendo este um sintagma ou uma preposição, e, principalmente, com a expressão de indeterminação do referente.

(39) *Chegou-se a dizer* que o Sr. Jânio Quadros trabalharia pela candidatura carvalhista. (notícia)

(40) *Deve-se*, entretanto, *criar* uma forma de fiscalização, a fim de evitar a lavagem de dinheiro. (carta de leitor)

(41) *Pode-se imaginar* num dia de espetáculo como ficará o trânsito? (carta de leitor)

Nos dados observados por Nunes (2009), deu-se preferência pela posição pós-complexo verbal (61%). Em termos estruturais, esses dados são constituídos do modal "poder" mais infinitivo, associado usualmente a clíticos que são argumentos de v2.

(42) *Posso dizer-lhe* que, nas feiras livres, quase sempre há fraude nos pesos. (editorial)

(43) *Poderia fornecer-nos* alguns dados de entradas de cereais ou das cotações? (editorial)

(44) *Procure alimentar-se* bem e regularmente. (anúncio)

Nenhum dado da variante v1 cl v2 sem hífen foi coletado em início absoluto de oração, o que confirma a particularidade desse contexto, altamente favorecedor da concretização dos padrões prescritos pela tradição gramatical na escrita monitorada, como a dos editoriais e as notícias. As cartas de leitores, diferentemente, exibiram 33% de ocorrências de v1 cl v2 e 40% de v1 v2-cl.

(45) *Poderei me aposentar* aos 60 anos? (carta de leitor)
(46) *Poderíamos fechá-lo* provisoriamente, convocar novas eleições, sem direito de os atuais se candidatarem. (carta de leitor)

A seguir, passa-se à apresentação dos resultados referentes aos contextos em que o complexo verbal não se encontra no início absoluto de oração, considerando cada gênero textual, a partir dos estudos de Nunes e Peterson.

Tabela 15 – Ordem dos clíticos em complexos verbais na língua escrita por gênero textual em contextos de verbos não iniciais, com base em Nunes (2009) e Peterson (2010).

Gênero textual	cl v1 v2		v1-cl v2		v1 cl v2		v1 v2-cl	
editoriais	26/42	62%	4/42	9%	3/42	7%	9/42	22%
notícias	16/50	32%	1/50	2%	4/50	8%	29/50	58%
anúncios	6/18	33%	1/18	5%	9/18	46%	3/18	16%
cartas de leitor	21/88	24%	2/88	2%	51/88	58%	14/88	16%

A simples observação das frequências permite visualizar diferenças quanto à ordem dos clíticos pronominais nos gêneros do domínio jornalístico. Em primeiro lugar, fica evidente que os gêneros que empregam menor número de estruturas compatíveis com normas típicas de alto grau de monitoração estilística são a carta de leitor e o anúncio. É interessante observar que a construção apontada como tipicamente brasileira se manifesta mais exatamente no gênero textual produzido pelo leitor (58%) e no que mais busca se aproximar do leitor, de modo a seduzi-lo em relação ao produto que anuncia (46%).

(47) Eu reclamo de novo, e eles dizem que *vão me colocar* num horário, mas não aparecem novamente. (carta de leitor)
(48) E é exatamente assim que o Bradesco *está se sentindo*, ao ser indicado pela revista Carta Capital como a empresa mais admirada no setor financeiro em pesquisa realizada com empresários e executivos de todo o Brasil. (anúncio)

Por consequência dessa opção preferencial pela variante v1 cl v2, a produtividade das demais variantes nas cartas de leitores é menor. Na realidade, como demonstram os exemplos a seguir, as demais posições ocorrem em contextos particulares, relacionados fundamentalmente à variável tipo de clítico: o pronome <*se*> do tipo indeterminador é o preferido para as posições relacionadas a v1; o clítico acusativo de 3ª pessoa é o preferido para a variante enclítica a v2.

(49) Isso é o que *se pode chamar* de um ato de amor. (carta de leitor)
(50) Todavia, *deve-se analisar*, cuidadosamente, se este tem condições gerais de ter a guarda. (carta de leitor)
(51) Quando fazem, os cidadãos vizinhos, se é que *podemos chamá-los* assim. (carta de leitor)

Além disso, verificaram-se, tanto nas cartas quanto nos anúncios e nas notícias, raras ocorrências de ênclise a v1 ("você *vai-lhes oferecer* algo para sempre" – anúncio), variante que, por si só, expressa o modelo idealizado pela tradição gramatical, cujas orientações pressupõem a obrigatoriedade da hifenização do clítico, quando na posição intermediária, à primeira forma verbal.

Em outro extremo, localiza-se o gênero editorial, que apresenta, na maioria das ocorrências, a posição proclítica a v1 (62%) – o que Nunes demonstra estar relacionado ao grande uso de estruturas subordinativas – e, em segundo lugar, a enclítica a v2 (22%). Ademais, o editorial apresenta o maior índice de ênclise a v1, que, mesmo nesse gênero ocorre poucas vezes (4/42, 9%). Esses resultados revelam a tendência ao caráter mais formal e elaborado dos editoriais. Enquanto as notícias, os anúncios e as cartas manifestam o suposto efeito proclisador de determinadas partículas em apenas 24% a 33% dos dados, os editoriais manifestam a anteposição do clítico ao complexo em 62% das ocorrências. Os exemplos a seguir demonstram a atuação de elementos considerados atratores, como pronomes relativos e conjunções, na escrita dos editoriais.

(52) As responsabilidades crescentes do congresso se ressentem desse desajustamento, fator de incongruências que *se vão avolumando* aflitivamente.
(53) A diferença é tão grande, que *se poderia estabelecer* uma relação – no limite entre a planície pampeana e a Montanha xerófila.
(54) com todas as suas energias, à mesma causa de libertação da humanidade futura das algemas que *lhe vinha preparando* o totalitarismo em sua vesga ambição de domínio universal.

O comportamento geral dos dados extraídos das notícias figura, de certa forma, num ponto intermediário entre o verificado para os anúncios e para os editoriais. Retomando os resultados, verifica-se que, de um lado, os índices percentuais referentes às variantes cl v1 v2 (32%) e v1-cl v2 (2%) se aproximam mais dos encontrados nos anúncios (33% e 5%, respectivamente) do que dos verificados nos editoriais (62% e 9%, respectivamente). Nesse aspecto, as notícias não assumem o mesmo compromisso com a efetivação do modelo tradicional de colocação nos editoriais. De outro lado, no que se refere aos índices da variante v1 cl v2, as notícias (8%) encontram-se bastante distantes dos anúncios (46%), porém próximas dos editoriais (7%). Nesse aspecto, portanto, verifica-se que elas não assumem o perfil inovador dos anúncios quanto à implementação da próclise ao verbo principal.

A variante enclítica ao complexo verbal apresenta comportamento particular no caso das notícias, que registram o maior índice dessa posição (58%). Esse índice, por si só, poderia levar à interpretação de que, nesse aspecto, as notícias também se aproximariam do modelo tradicional de colocação tradicional. Entretanto, Nunes (2009) demonstra que a concretização da variante v1 v2-cl está intimamente relacionada a motivações estruturais – como, por exemplo, o tipo de clítico –, e não ao gênero textual.

Os exemplos a seguir ilustram os pronomes que mais se apresentaram na posição pós-complexo verbal, aqueles sintaticamente ligados a v2: primeiramente o acusativo de 3ª pessoa e, em segundo lugar, o <*se*> reflexivo/inerente, que ocorrem nessa posição até em sentenças com elemento proclisador.

(55) Depois da cerimônia religiosa, o Ministro da Grécia receberá na Legação, à Praia do Flamengo, 284, 5º andar, entre 12 e 13 horas os membros da colônia que *desejarem cumprimentá-lo* pelo auspicioso evento. (notícia)

(56) Os candidatos, que deverão ser reservistas do Exército, *poderão apresentar-se* na Secretaria da escola, Praia Vermelha, das 8 às 14 horas [...]. (notícia)

O conjunto dos resultados apresentados quanto ao comportamento dos gêneros textuais permite traçar algumas tendências relativas às estruturas que seriam caracterizadoras do estilo monitorado presente nos jornais. Primeiramente, fica claro que não há um padrão de colocação uniforme nos materiais analisados, tendo havido apenas um contexto em que os quatro gêneros admitiram comportamento idêntico: a ausência de próclise ao complexo no início absoluto de oração. Ao que parece, esse comportamento seria, de fato, típico da modalidade escrita que se pretende padrão, independentemente do grau de monitoração estilística empregado. Importa, ainda, destacar que, em contexto de verbo na posição inicial, a variante interna ao complexo sem hífen só foi registrada nas cartas de leitores, o que demonstra ser esse gênero o mais informal e próximo do que se pratica na fala.

A diferença entre os gêneros pode ser claramente verificada, ainda, em contextos de verbo não inicial, no que se refere ao comportamento das variantes cl v1 v2, em que se supõe maior atuação dos tradicionais elementos atratores, e v1 cl v2, em que se revela a opção preferencial brasileira em situações de fala espontânea. Os índices registrados para essas variantes confirmam que os editoriais se localizam num extremo, e as cartas de leitor, em outro. Os editoriais – assim como as notícias – não concretizaram de forma produtiva a inovadora próclise a v2; além disso, eles constituem o único gênero que utiliza de forma expressiva a próclise a v1, tendo demonstrado um respeito ao tradicional efeito proclisador de alguns elementos. As cartas de leitor, ao contrário, não registram de forma expressiva a próclise a v1 e apresentam abundantes dados de próclise a v2. Em posição intermediária estão as notícias, que, embora não registrem de forma expressiva a próclise a v2 (o que as aproxima dos editoriais), não dão preferência à anteposição do clítico ao complexo (o que as distancia dos editoriais). Os anúncios, que também não demonstraram sistemático respeito à chamada atração gramatical, são mais inovadores do que as notícias no que se refere ao uso da próclise a v2.

A fim de destacar os contextos mais salientes na caracterização do comportamento verificado quanto ao grau de monitoração estilística, tomados como construções prototípicas de cada contexto, apresenta-se o quadro a seguir.

Quadro 1 – Sistematização das estruturas prototípicas da ordem dos clíticos em complexos verbais na escrita [+ monitorada] e [– monitorada], com base em Nunes (2009) e Peterson (2010).

	Contexto inicial	Demais contextos
Escrita + monitorada (editoriais e notícias)	Ausência de cl v1 v2	Concretização expressiva de cl v1 v2
	Ausência de v1 cl v2	Baixa produtividade de v1 cl v2
Escrita – monitorada (anúncios e cartas de leitor)	Ausência de cl v1 v2	Baixa produtividade de cl v1 v2
	Presença de v1 cl v2	Concretização expressiva de v1 cl v2

A alternância ter versus haver em construções existenciais

Basta um pequeno contato com orientações de professores de Português, sobretudo do ensino médio, destinadas às atividades de produção textual que se verifica o desprestígio atribuído ao verbo *ter* existencial na escrita que se pretende culta e formal. Embora a alternância *ter versus haver* tenha sido objeto de detalhados estudos científicos de natureza diacrônica, não se dispõe de descrições diversas sobre o fenômeno, especialmente considerando a oposição fala e escrita. Avelar (2006: 101) defende que a alternância *ter* e *haver* "é desencadeada pela 'alimentação' da gramática periférica no processo de escolarização (em oposição à gramática nuclear, construída no processo natural de aquisição da linguagem, nos termos de Chomsky, 1981 e Kato, 2005)".

Independentemente do quadro teórico em que o trabalho se insere, o efeito da escolarização e as tendências verificadas nos dados coletados por Avelar (2006) na fala e na escrita interessam de modo particular aos propósitos do presente capítulo. Trata-se, aqui, da variação que se detecta em exemplos como os que se seguem:

(a) *Ter* existencial

(57) "lá *tinha* várias faculdades" (*corpus* Nurc)

(b) *Haver* existencial

(58) "eu talvez pudesse me interessar por um brinquedo de outro tipo... mas não *havia* essa possibilidade..." (*corpus* Nurc)

Considerando, para a língua falada, construções existenciais da fala de indivíduos com curso superior (*corpus* Nurc-RJ/década de 1990) e de indivíduos com escolaridade básica (*corpus* PEUL/década de 1980) e, para a língua escrita, textos extraídos de jornais produzidos entre 2003 e 2005 (nos jornais cariocas *O Globo* e *Extra*), anúncios (nas revistas *Veja*, *IstoÉ*, *Época* e *Superinteressante*) e livros diversos,[16] a pesquisa apresentou a seguinte distribuição dos dados:

Tabela 16 – Alternância *ter* e *haver* na língua oral e na escrita com base em Avelar (2006).

	Ter	Haver
Fala	87%	13%
Escrita	14%	86%

Os resultados demonstram que as frequências de *ter* e *haver* são inversamente proporcionais nas línguas falada e escrita, havendo ampla preferência pela forma *ter* na fala (87%) – ainda mais nítida nos dados da fala popular (92%) do que na culta (79%) –, ao contrário da escrita, em que se dá ampla produtividade da forma *haver* (86%). Os dados revelam que, embora haja mais ocorrências da forma mais prestigiosa na fala culta do que na fala popular, a forma *ter*, dada sua alta produtividade, não constitui forma estigmatizada por falantes com alto grau de escolarização.

Considerando a escrita, os dados de todos os gêneros textuais tomados em conjunto não deixam ver em que contextos se dá a infiltração da forma *ter* (14%). Observando-se, com mais detalhamento, os resultados do estudo na diversidade de textos analisados, fica patente que não há espaço na escrita culta mais monitorada para a inserção da construção existencial com *ter*. Na realidade, de todos os dados de *ter* na escrita, nenhum ocorreu no material extraído dos textos efetivamente jornalísticos em veículo endereçado à classe alta/média alta (*O Globo*). Só houve registro da construção com *ter* no livro de piadas do Casseta e Planeta (60%), em textos de anúncios (47%), no livro de Chico Buarque (15%, apenas 2 ocorrências) e no jornal mais popular *Extra* (14%, apenas 4 ocorrências). Avelar (2006: 111-2) atesta que "a distribuição de *ter* nos dados da escrita indicia que sua seleção, entre os textos, é condicionada pela necessidade de reproduzir elementos comuns da oralidade" ou "decorre de uma necessidade de aproximação maior com o leitor, parecendo consistir numa estratégia de persuasão por meio do emprego de marcas recorrentes na oralidade". Em outras palavras, o autor demonstra que o registro de *ter* condiz com a expressão de uma forma prototípica, no *continuum* oralidade-letramento, do espaço [+ oral], e não [+ letrado].

Feito o detalhamento dos resultados e desconsiderando os dados extraídos do livro de Chico Buarque (duas ocorrências, em diálogos) e do jornal *Extra* (além de se tratar de jornal popular, das quatro ocorrências de *ter*, duas eram de fala transcrita, uma de carta de leitor e outra de programação cultural), pode-se detalhar um pouco mais o comportamento da escrita na tabela a seguir:

Tabela 17 – Alternância *ter* e *haver* na escrita [+ monitorada] e [– monitorada] com base em Avelar (2006).

Fontes da escrita		*Ter*	*Haver*
– monitorada	anúncios	60%	40%
	piadas	47%	86%
+ monitorada	textos de *O Globo*[17]	0%	100%

Dos resultados a que se teve acesso, ao que tudo indica, a alternância *ter* e *haver* constitui fenômeno que diferencia claramente não só as tendências das línguas oral e escrita, mas também as da escrita mais e menos monitorada. Trata-se de clara ilustração da artificialidade do construto homogêneo da "norma culta", que tantas vezes influencia a condução das atividades nas aulas de Língua Portuguesa. Um ensino que se quer pautado nas atividades discursivo-sociais mediadas pelos gêneros textuais não pode prescindir da pluralidade de variedades cultas, que vai desde a preferência pelo *ter* existencial, semicategórica sobretudo na fala dos mais jovens, até a ausência dessa forma na escrita mais monitorada.

Embora não caibam nos limites deste capítulo, não se podem ignorar, ainda, as tendências opostas quanto à alternância *ter* e *haver*, que se verificam nos materiais do século XIX e de outras variedades do português, como a europeia, materiais usualmente presentes principalmente em livros do ensino médio. A preferência por *haver* existencial no português europeu e o fato de que só na segunda metade do século XIX se verificam contextos de *ter* inequivocamente existenciais (cf. Callou, 2002; Callou e Avelar, 2003) não podem ser ignorados pelo professor de Língua Portuguesa.

Considerações finais

De modo geral, os resultados dos trabalhos linguísticos aqui apresentados evidenciam que o emprego na escrita brasileira de estruturas morfossintáticas incomuns na fala espontânea se deve a uma nítida influência da ação escolar. Por outro lado, o comportamento de determinadas estruturas morfossintáticas na modalidade escrita do PB não reflete necessariamente todas as prescrições da norma gramatical codificada a partir do século XIX, com base nos padrões linguísticos lusitanos, o que fornece indícios em favor da hipótese de Kato (2005), segundo a qual a escrita do letrado adulto brasileiro não representa o conhecimento gramatical de sincronias passadas nem se identifica com o conhecimento do letrado português contemporâneo.

No que diz respeito à concordância verbal, à indeterminação do agente e ao uso de *haver* em lugar de *ter* em construções existenciais, pode-se dizer que a escrita culta brasileira chega a aproximar-se da norma gramatical no extremo de mais letramento ou maior monitoração estilística, indo numa direção muito diversa da observada na fala, sem revelar indícios de implementação de novas variantes. No entanto, estas já se mostram presentes nos gêneros mais autorais, como crônicas e cartas, representativos da escrita menos monitorada do letrado brasileiro. Quanto à realização do acusativo e do dativo anafóricos de 3ª pessoa, pode-se dizer que a escrita do letrado brasileiro reabilita os clíticos praticamente ausentes da fala espontânea, mas também manifesta a infiltração de variantes alternativas a esses elementos não discriminadas pela escola em todos os pontos do *continuum*, como o uso irrestrito do objeto nulo nas duas funções e o emprego considerável do SP anafórico na função dativa. No que se refere à colocação pronominal, fica evidente a configuração particular do comportamento do letrado brasileiro: embora, na fala culta, a próclise a uma só forma verbal e à segunda forma dos complexos seja a opção prototípica, podem ser observadas, na escrita, tendências conflitantes tanto em relação às normas de uso brasileiras, quanto em relação à norma gramatical. De um lado, os dados analisados revelam que o atendimento à norma gramatical prezada no processo de escolarização fica patente (i) no respeito quase categórico à recomendação escolar de que não se inicia frase por pronome átono; (ii) na realização expressiva de ênclise em contextos de forma verbal antecedida por elementos que não são tradicionais atratores, como conjunções coordenativas e adjuntos adverbiais; e (iii) na ausência ou baixa produtividade da próclise a v2, especialmente na escrita [+ monitorada]. De outro lado, nos dados de uma só forma verbal, (i) a presença expressiva de próclise em contextos sem tradicionais atratores, em particular diante de sujeito, (ii) a presença, menos expressiva mas não desprezível, de ênclise em contextos com tradicionais atratores, e, no caso dos complexos verbais, (iii) a expressiva concretização de próclise a v2, especialmente na escrita dos gêneros menos monitorados, sinalizam que o letrado brasileiro não só implementa na escrita certas estruturas compatíveis com a fala culta brasileira, mas também interpreta a ênclise como marca de letramento e acaba por aplicá-la em contextos não recomendados pela tradição gramatical.

Embora essas constatações resultem de um número limitado de descrições científicas a que se teve acesso (e há muito ainda a se descrever quanto às normas de uso nos diversos gêneros textuais da escrita culta), os resultados evidenciam que estruturas morfossintáticas prescritas pela tradição, dada sua baixa frequência ou mesmo ausência na fala espontânea, são aprendidas via escolarização. Desse modo, são percebidas pelo letrado brasileiro como variantes estilísticas (Kato, 1992), isto é, próprias de eventos de comunicação marcados com o traço de letramento, o que explica, portanto, (i) a grande diferença entre fala e escrita no Brasil; e (ii) as diferenças entre os gêneros textuais da escrita consoante o grau de monitoração estilística, mais ou menos monitorado.

É preciso salientar, por fim, que, nas atividades escolares de leitura – de textos não literários a literários –, o espectro da variação pode ser bem maior (cf. Vieira, 2009) do que o demonstrado nos estudos citados no presente capítulo, motivo pelo qual a escola não pode ignorar nenhuma das formas de cada fenômeno variável, ainda que elas não sejam produtivas nem na língua falada, nem na escrita jornalística, sob pena de limitar o processo crescente de letramento dos estudantes ao longo dos 12 anos de escolaridade que constituem a educação básica.

Por todo o exposto, promover o domínio da "língua culta", como propõem os PCNs de Língua Portuguesa, pressupõe assumir a natural pluralidade de normas também na escrita, que, longe de suposta homogeneidade, abarca variantes diversas que se distribuem num *continuum* que revela graus de oralidade/letramento e de monitoração estilística (Bortoni-Ricardo, 2005). Desse modo, o cumprimento dos propósitos para o ensino requer, sem dúvida, ampla formação sociolinguística do professor, que deve abranger o conhecimento: (i) das normas de uso cultas orais em comparação às normas em uso na escrita, consoante a diversidade de gêneros textuais; (ii) das normas de uso populares, para medir o distanciamento destas em relação às cultas; e (iii) das normas típicas de outras variedades ou sincronias do português, para promover o reconhecimento de estruturas que não pertencem mais às normas efetivamente brasileiras.

Espera-se que este capítulo tenha evidenciado essa pluralidade de normas, especialmente no domínio considerado culto, e tenha demonstrado que o conhecimento das regras variáveis de natureza morfossintática é fundamental para o desenvolvimento da competência de leitura e de produção textual privilegiada nas atividades escolares.

Notas

[1] Disponível em: <www.concordancia.letras.ufrj.br/>.
[2] Machado-Vieira e Saraiva (2011) também analisam dados da escrita acadêmica extraídos de resumos científicos, provas, trabalhos e monografias de pós-graduação. Nesses gêneros, que não são apreciados por um revisor profissional, a ausência da marca plural é maior (38,8%) do que a que se verifica nos textos de jornais (27,1%).
[3] Nos trabalhos acadêmicos consultados, houve a utilização do termo "argumento externo" em vez de "sujeito", visto que permite incluir entre os casos de indeterminação com <se> tanto aqueles em que há um <se> apassivador quanto aqueles em que há um <se> indeterminador, tendo em vista a suspensão do argumento externo do verbo em ambos os casos.
[4] Tal preferência pela ênclise ao infinitivo remete à hipótese de Nunes (1993) a respeito da influência de fatores fonéticos sobre o comportamento do pronome acusativo no PB: por ser foneticamente mais fraco, esse elemento depende de certos processos para licenciar o *onset* de sua sílaba, porém a direção de cliticização à direita exibida pelo PB não proporciona ao clítico meios de superficializar esse *onset*, restando como alternativa para manifestá-lo a ênclise ao infinitivo, que se revela então como o contexto em que o clítico ainda pode aparecer na fala brasileira espontânea.
[5] Seria interessante observar se essa baixa frequência se mantém em amostras contemporâneas de fala culta, uma vez que o pronome nominativo em função acusativa já se infiltrou na escrita, notadamente em contextos de minorações e de estruturas com verbos causativos/perceptivos (cf. Freire, 2005).
[6] O baixo número de dados levantados na amostra (14) é explicado pela própria natureza do caso dativo, visto ele depender quase sempre da ocorrência de verbos que projetam em sua grade temática dois argumentos internos.
[7] Não se apresentou a construção intraverbal em virtude de ela não ter ocorrido nos materiais analisados. Por essa razão, entende-se que a mesóclise deva ser apresentada pela escola, sobretudo para que os alunos a reconheçam nas atividades de leitura em que tal forma possa aparecer. Ademais, a reflexão linguística sobre essa construção permitirá ao aluno, especialmente do ensino médio, compreender e até realizar essa estrutura, se o desejar.
[8] A diferença entre os níveis de escolaridade – 83% de próclise para analfabetos contra 90-91% para os demais informantes – não se mostrou estatisticamente relevante.
[9] Apenas três dados de ênclise foram encontrados, sendo dois deles com construções cristalizadas ("*perdoe-me a expressão*", "*vim-me embora*").
[10] O estudo de Vieira (2002) não permite generalizações acerca da diferença de comportamento dos gêneros textuais, visto que editoriais e crônicas/textos de opinião foram tratados, de modo geral, em conjunto.
[11] A título de ilustração, em levantamento dos dados do Projeto Varport – século XX, que conta com editoriais, anúncios e notícias, Carla da Silva Nunes e Helaine Naira Albuquerque Barboza, então alunas de iniciação

científica, verificaram maior uso de próclise nos anúncios, supostamente menos monitorados, do que nos demais gêneros, mais monitorados. A análise qualitativa dos dados revelou que os anúncios se valem principalmente do clítico <se> indeterminador com verbo em posição inicial (vende-se X, precisa-se de X).

[12] Na ausência de elemento interveniente (como *até*), que garantiria a identificação inequívoca da posição do clítico, três posições ao menos podem ser seguramente controladas: pré, intra ou pós-complexo verbal (CV).

[13] Em Vieira (2002), foram coletadas, além de perífrases verbais de voz passiva, temporais, aspectuais, modais e volitivas, causativas e perceptivas (*mandou-me fazer, viu-me fazer*) e biorracionais com oração subjetiva no infinitivo (*falta-me dizer*).

[14] Quanto à possibilidade de ligação do pronome com v1 ou com v2, os contextos com elemento interveniente permitem inferir que os pronomes se ligam ao verbo predicador (v2). Exemplos como "o gelo começa a se derreter" e "eu já não estou mais me aguentando" demonstram a preferência pela posição adjacente ao verbo temático. Vale salientar que não se encontrou qualquer dado de pronome *se* indeterminador/apassivador – aquele que demonstrou mais flexibilidade para pôr-se afastado do verbo temático – em construção com elemento interveniente, o que limita qualquer generalização sobre sua ligação. Observações impressionísticas e resultados de análises acústicas (Vieira, 2002; Corrêa, 2012) permitem propor que esse pronome ocorreria adjacente a v1, mesmo em posição interna ao complexo (*pode-se até assistir ao filme*, e não *pode até se assistir ao filme*).

[15] A falta de acesso a estudos que efetivamente realizem um mapeamento quantitativo da colocação pronominal na escrita culta contemporânea em diversos gêneros textuais nos obriga a utilizar resultados também de sincronias anteriores, todas no século XX. Considerando que esse século registra, na imprensa, o uso cada vez crescente do padrão brasileiro de colocação, entende-se ser vantajoso, aqui, contar com o estudo de Nunes (2009), apesar dessa ressalva.

[16] Livros escritos por Alexandre Cherman, Arnaldo Jabor, Chico Buarque, Paulo Coelho, Casseta e Planeta, e Augusto Cury.

[17] O autor não especifica os gêneros textuais utilizados especificamente no jornal *O Globo*.

Variação linguística e os livros didáticos de português

Ricardo Joseh Lima

O presente capítulo[1] possui três objetivos principais: (i) fazer uma breve revisão de análises de livros didáticos quanto à sua relação com o tema da variação linguística; (ii) apresentar novas análises de livros didáticos a partir de uma ótica distinta das realizadas anteriormente; e (iii) formular propostas de novas perspectivas sobre o tratamento que se pode dar a esse tema e sua inserção em materiais didáticos.

Para tanto, dividiremos o capítulo em seis seções. Na primeira, apresentamos uma breve exposição sobre o material "livro didático", sua estrutura e seus objetivos, de acordo com documentos oficiais. Em seguida, na segunda seção, abordamos, também de forma breve, os principais aspectos do tema "variação linguística", dando ênfase a questões teóricas. Na terceira seção, trazemos as informações referentes ao tema constantes dos guias de orientação para elaboração de material didático. Na seção seguinte, realizamos uma revisão da literatura sobre análises de livros didáticos em relação ao tema "variação linguística". Na quinta seção, apresentamos novas questões que podem ser trazidas a respeito do tema. Por fim, na última seção, apontamos possíveis direções no estudo da variação linguística em livros didáticos.

Livro didático: o que é, para que serve?

A elaboração de um livro didático é uma tarefa extremamente complexa. Qualquer que seja o nível de ensino (fundamental ou médio) ou a disciplina (Português, Matemática etc.), seus elaboradores devem estar atentos a uma extensa série de itens relativos aos vários aspectos do processo de ensino e aprendizagem. A utilização de uma linguagem acessível ao público-alvo, a heterogeneidade de fontes de informação e o equilíbrio entre as partes da obra são apenas alguns exemplos dos desafios enfrentados por quem elabora livros didáticos.

Recentemente, a esses desafios foi acrescentada a exigência de o livro didático, para ser recomendado para escolas, seguir os parâmetros indicados pelo Programa Nacional do Livro Didático (PNLD). Abordaremos, nesta seção, em linhas gerais, três desses parâmetros, a saber: a interdisciplinaridade, a cidadania e heterogeneidade. Argumentaremos que os três formam um encadeamento que nos leva a abordar, de forma natural, o tema da variação linguística.

Terminar com as separações estanques das disciplinas e eliminar barreiras entre elas têm sido a tônica de muitos documentos e atos oficiais voltados para a educação. As fronteiras entre as disciplinas devem ser flexibilizadas e isso gera reflexos na estruturação do livro didático, que necessita fazer menção a conteúdos de outras disciplinas. Essa "necessidade" de se mover para um espaço além leva ao segundo parâmetro a ser abordado: a cidadania. Qualquer que seja a definição utilizada para esse termo, deverá fazer menção a algum aspecto social. Mesmo a versão mais individualista de cidadania se insere em um contexto de direitos, deveres e responsabilidades frente ao corpo social. Nos Parâmetros Curriculares Nacionais (PCN), o termo *cidadania* é frequentemente utilizado e as disciplinas devem levá-lo em conta, inserindo-o em seus conteúdos. Desse modo, o livro didático precisa também estimular no aluno a busca pela discussão a respeito da cidadania. Ao se ver como cidadão, o aluno reconheceria também o outro como cidadão, consciente de que esse outro apresenta diferentes concepções de sociedade, vida etc. É o reconhecimento da heterogeneidade, o terceiro parâmetro a ser abordado, o respeito às diferenças, mais um dos objetivos dos documentos oficiais que guiam a elaboração de livros didáticos. Desse modo, a diversidade deve fazer parte também dos conteúdos de um livro didático.

O parâmetro *interdisciplinaridade* citado anteriormente foi, portanto, a possibilidade para a inserção do parâmetro *cidadania*. Este, por sua vez, conduz ao parâmetro *heterogeneidade*, no qual visualizamos o trabalho com a variação linguística. Portanto, é natural que o tema da variação linguística tome parte nas orientações do PNLD para livros didáticos de português. No entanto, antes, precisamos delinear alguns aspectos desse tema, o que faremos na próxima seção.

Variação linguística e seu lugar na sala de aula

Trazer à tona, em pleno século XXI, o tema da variação linguística para explicá-lo e justificá-lo deveria causar profundas lamentações em todos os que estudam a Sociolinguística e conhecem sua história. Afinal de contas, já são mais de 50 anos de história desse tema e reconhecer que ele é desconhecido de alunos, talvez por negligência de alguns professores de português, nos faz admitir que de algum modo fracassamos em comunicá-lo à comunidade escolar. Nos livros/materiais/manuais didáticos, não há necessidade de se justificar temas como sintaxe, texto, leitura etc., no entanto, parece que precisamos fazê-lo quanto à variação linguística. E isso faz com que esse tema seja visto como mais um conteúdo que deva ter seu próprio capítulo, quando já sabemos que a variação linguística deve estar inserida no ensino dos temas referidos anteriormente.

A situação é de tal modo incômoda, que até mesmo uma das características mais intrínsecas do que é uma língua é colocada em xeque: a sua variabilidade. Dizer que "os menino" é uma forma alternativa em português a "os meninos" é ouvir que "ah, mas 'os menino' não é língua". Dadas as condições de uso, tais como diferentes regiões, traços culturais ou situações impostas pelas mudanças sociais, seria de se esperar que naturalmente o instrumento utilizado para comunicação também apresentasse variações, o que de fato acontece. No entanto, isso ainda precisa ser ensinado, explicado e justificado.

Reconhecer diferenças, e portanto variações de pontos de vista, não parece ser uma atividade custosa para os indivíduos de uma sociedade. Todos são capazes de perceber diferenças de comportamentos e atitudes frente a uma mesma situação. Por que, então, quando se trata de língua, a mesma percepção é de difícil aplicação? A se considerar a língua como um traço cultural, se outros traços como música, costumes e religião variam, por que não esse? A resposta pode estar no valor que é conferido pela sociedade a manifestações linguísticas. Não há frieza e neutralidade em aceitar que "a gente vamos" traz uma equivalência de sentido com "a gente vai". São duas formas de expressar o mesmo sentido, uma conclusão que já é um truísmo aos olhos dos linguistas, mas ainda continua como estranha aos olhos de quem não consegue obter um distanciamento valorativo para analisar.

A variação como característica natural da língua, os fatos de variação (exemplos), sua definição (formas distintas de se expressar) e a ausência de valor linguístico que cada variação traz são conceitos centrais desse tema. Nesse ponto, cabe perguntar: a quem interessa seu estudo? Uma vez que a língua é um bem que pertence a toda a comunidade, servindo de suporte para relações pessoais durante toda a vida do indivíduo, sendo responsável pelas interações que vão constituir os elos sociais dos membros de uma sociedade, essa pergunta não precisaria sequer ser formulada, já que o tema é de interesse de todos!

Os parâmetros abordados na seção anterior solidificam nossas conclusões a respeito da importância da variação linguística. Afinal de contas, estabelecer pontes com outros espaços, atuar de modo a valorizar o outro e respeitar as diferenças não é um discurso apenas de orientação para toda e qualquer disciplina. É um discurso que se encaixa diretamente no tema da variação linguística, conferindo-lhe um lugar de destaque, sem precisar forçar, nas orientações para elaboração de livros didáticos de português. Portanto, a presença desse tema em qualquer nível de ensino está fundamentada não apenas na vontade de os linguistas inserirem tal discussão em sala de aula, mas também nos princípios norteadores do que deve ser o ensino de qualquer disciplina, e em especial do português. Apontar os detalhes da abordagem desse tema nos documentos que contêm essas orientações é o nosso próximo passo.

A variação linguística no PNLD

O PNLD possui orientações para três níveis de ensino: os anos iniciais do ensino fundamental, os anos finais e o ensino médio. As menções ao tema da variação linguística acontecem sempre em três momentos em cada orientação: na parte introdutória, na parte de análises dos livros didáticos e nas fichas avaliativas desses livros. Comentaremos cada parte em separado, comparando, quando possível ou necessário, as diferenças entre os guias dos níveis de ensino.

O guia do PNLD para os anos iniciais do ensino fundamental traz de modo direto um dos "objetivos centrais do ensino de Língua Portuguesa, ao longo de todo o ensino fundamental": "o desenvolvimento de atitudes e capacidades envolvidas na compreensão da variação linguística e no convívio com a diversidade dialetal, de forma a evitar o preconceito e a valorizar as diferentes possibilidades de expressão linguística" (Brasil, 2009: 18). Um texto semelhante é encontrado no guia para os anos finais do ensino fundamental. Já no guia para o ensino médio, a menção à variação linguística é feita de modo indireto, quando se indica como uma das finalidades do livro didático "ampliar e aprofundar a convivência do aluno com a diversidade e a complexidade da LP em diferentes esferas de uso" (Brasil, 2011: 6).

Dois comentários já podem ser tecidos a respeito do tratamento da variação linguística no PNLD: primeiro, que a ideia exposta na seção anterior, de que esse tema deve ser parte de todos os níveis de ensino, se reflete na prática, já que todos os guias fazem menção à variação linguística, com destaque para o guia dos anos iniciais do ensino fundamental, em geral, um espaço para aprendizado de nomenclaturas gramaticais, como as das classes de palavras; segundo, que o guia do ensino médio assume que o aluno desse nível já deve ter assimilado o conceito de variação linguística e em vez de tratá-lo como novidade, parte dele para lançar outras questões, como a da interação social preparatória para o mundo do trabalho.

Nos guias do ensino fundamental, há um adendo importante sobre o que "caberá ao livro didático": "valorizar e efetivamente trabalhar a variação e a heterogeneidade linguísticas, introduzindo as normas associadas ao uso público formal da linguagem oral sem, no entanto, menosprezar a diversidade dialetal e estilística" (Brasil, 2009: 26). O que deve ser ressaltado nesse trecho é a expressão "valorizar e efetivamente trabalhar". Podemos perceber que não se trata de o livro didático apenas abordar, como que para cumprir uma exigência formal, o tema da variação linguística. Deve haver um compromisso explícito com sua defesa e sua discussão. No entanto, e já adiantamos um ponto futuro deste capítulo, o considerável número de exigências a serem cumpridas faz com que o descumprimento de uma delas, justamente essa, não cause danos significativos na avaliação do livro didático. Seria o caso de valorar essas exigências, atribuindo a algumas delas peso maior? Uma sugestão a qual voltaremos mais tarde.

Na parte de análises dos livros didáticos, o tema da variação aparece, de modo geral, apenas superficialmente, comentando-se a presença desse tema em determinada coleção ou livro. Por vezes, há uma coleção que dá mais ênfase à variação, ao passo que, por outro lado, outra coleção oferece menos destaque a esse tema. Entretanto, sendo um dos itens de exigência de avaliação do livro didático, é quase maciça a presença da variação linguística nos livros ou coleções analisados. Isso, portanto, não traz mérito nenhum a essas obras, pois se pode considerar que a inserção do tema não obedece a um critério científico ou social, mas sim a um critério formal de avaliação. Detalhes de análises de livros didáticos serão realizados na próxima seção.

Por fim, o tema da variação linguística está presente nas fichas de avaliação dos livros didáticos. Para os anos iniciais do ensino fundamental, o item 51 (Brasil, 2009: 158) aponta a necessidade de a obra trazer "a consciência da variação regional e social da linguagem falada e para uma atitude positiva em relação às variedades orais estigmatizadas". Há ainda em outra ficha a observação: "Consideram a variação linguística" (Brasil, 2009: 339). No guia dos anos finais do ensino fundamental, a tabela VII (Brasil, 2010: 51) traz: "g) Aspectos da variação linguística (dialeto, registro, socioleto etc.)". Tanto nesse guia quanto no do ensino médio (Brasil, 2011: 97), há um item especifico para a variação linguística: "11.5 Consideram a variação linguística (com ênfase no português brasileiro contemporâneo), na abordagem das diferentes normas?".

Serão esses itens e questões suficientes para garantir a inserção da variação linguística no livro didático de português, de modo que se possa visualizar que o livro conseguiu "valorizar e efetivamente trabalhar" esse tema? Precisamos conhecer, mesmo que não seja de modo aprofundado, algumas análises de livros didáticos para verificar a resposta para essa questão. Com isso, estaremos aptos também a gerar reflexões sobre o tipo de questionamento que está sendo feito sobre a variação linguística, abrindo possibilidades de sugestões de outros questionamentos e pontos de vista sobre como esse tema deve ser tratado em livros didáticos.

Revisão de análises de livros didáticos de português

Nesta seção, citamos três pesquisas prévias que analisam alguns livros didáticos em relação à questão da inserção da variação linguística nos mesmos ou em relação aos critérios definidos pelo PNLD no que tange à elaboração dos livros de língua portuguesa. Os trabalhos escolhidos serão brevemente apresentados nas subseções a seguir e, de cada um, foi selecionado um exemplo de análise feita.

Coelho (2007)

Baseada em seis perguntas distintas, a autora analisou nove livros didáticos de ensino médio: *Língua portuguesa* (Takasaki), *Língua portuguesa* (Lopes, Gonçalves, Silva e Murrie), *Novas palavras: português* (Amaral), *Português: de olho no mundo do trabalho* (Terra e Nicola), *Português: língua, literatura e produção de textos* (Abaurre, Pontara e Fadel), *Português: língua, literatura, gramática e produção de textos* (Sarmento e Tufano), *Português: língua e cultura* (Faraco), *Português: linguagens* (Faraco e Cochar), *Textos: leituras e escritas* (Infante).

Um dos aspectos estudados nas obras foi a abordagem da variação linguística ao longo dos capítulos. Selecionamos um trecho da análise feita da obra de Sarmento e Tufano. Esse é um capítulo reservado à variação linguística, no qual se encontra um quadro que contém o seguinte texto:

> A *linguagem culta* obedece radicalmente à norma culta, é preconizada pela escola, e apresenta maior prestígio social. A *linguagem coloquial* é usada nas relações informais, na vida cotidiana, sem a preocupação de obedecer à norma culta. São comuns, nesse tipo de linguagem, o uso de gírias e de expressões populares (Coelho, 2007: 97; grifos do autor).

Segundo Coelho, os autores de *Português: língua, literatura, gramática e produção de textos* deixam de considerar a realidade sociolinguística do Brasil. Para eles, não se pode falar em linguagem culta oposta à linguagem coloquial, pois esses conceitos não são vistos, *necessariamente*, em oposição; isso é uma mistura de critérios e conceitos.

Manini (2009)

Com a intenção de investigar as orientações teórico-metodológicas adotadas em materiais didáticos, em uma época de grandes políticas públicas de avaliação e distribuição deles, a autora analisou os seguintes livros, de 5ª e 7ª séries, aprovados pelos PNLD 2008: *Linguagens do século XXI* (Heloísa Harue Takasaki); *Português, uma proposta para o letramento* (Magda Becker Soares); *Projeto Araribá* (autoria coletiva). Segue um exemplo de análise realizada pela autora, da obra de Takasaki, que contém um quadro dos pronomes utilizando uma linguagem especializada e usos distantes da realidade do aluno, tais como "os-as-lhes-se-si-consigo", para se referir ao pronome de 3ª pessoa do plural.

> Apesar de relacionar os conhecimentos linguístico-gramaticais ao texto e ao discurso, desenvolvendo a abordagem proposta pelos PCN e pela avaliação do PNLD, esse exemplo mostra um excesso de nomenclaturas e definições, especialmente se considerarmos que são atividades propostas para alunos de 5ª série (Manini, 2009: 122).

Nessa parte da dissertação, a autora, que verificou nos livros o atendimento a alguns dos critérios determinados pelo PNLD/2008, aponta para os excessos metalinguísticos presentes na obra. Para ela, propostas dessa série não deveriam conter tantas nomenclaturas.

Rodrigues (2010)

Nessa dissertação, a autora pretende analisar como livros didáticos estão de acordo ou não com o que é exigido pelos documentos oficiais que regulamentam o conteúdo dos livros didáticos do ensino médio, como o PNLEM, no que concerne à heterogeneidade da língua. Também foi objetivo de Rodrigues verificar como os enunciados das questões das obras avaliadas correspondem às orientações oficiais. A autora trabalhou com as obras *Português: de olho no mundo do trabalho* (Terra e Nicola) e *Português: língua e cultura* (Faraco).

Como exemplo, relatamos uma análise feita, pela autora, da obra de Terra e Nicola (2008), que contém um quadro com o seguinte texto (Rodrigues, 2010: 108):

> Falar e escrever é uma habilidade valorizada entre executivos. Os profissionais que se expressam com clareza ganham a admiração dos colegas e têm mais chance de progredir na carreira. Por isso, os especialistas em recursos humanos aconselham retomar os estudos da língua pátria juntamente com as aulas de línguas estrangeiras.

Pelo que foi verificado por Rodrigues, esse livro revela uma visão de língua homogênea: há apenas um português correto, que deve ser falado e escrito bem. Pelo que foi proposto nesse trecho do livro, sendo esse português a língua pátria dos brasileiros, parece necessário ter conhecimento somente dele, como se fosse a *única* forma linguística do Brasil. Isso vai contra as propostas oficiais, como bem averiguou a autora.

A partir das análises dos trabalhos referidos, podemos concluir que os pesquisadores têm, de modo geral, procurado investigar, nas obras, como se dá a inserção da variação linguística e de outras determinações dos órgãos oficiais. São pesquisas que foram bem-sucedidas naquilo que procuravam. Na próxima seção, traremos a nossa breve análise de alguns livros didáticos.

Novas questões para análises de livro didático

Como na última seção abordamos alguns trabalhos sobre livro didático, mostraremos, aqui, como analisamos algumas obras. Em primeiro lugar, apresentaremos nossas questões motivadoras; depois, em subseções, cada obra escolhida seguida da análise de acordo com as referidas questões. Utilizamos em nosso trabalho um livro didático do 6º ano e um do ensino médio, em ambos os casos com o mesmo autor, mas de edições diferentes. O motivo dessa escolha foi verificar se, em novas edições, o livro seria reformulado para atender às determinações do PNLD. Nas duas obras, a diferença de uma edição para a outra é de onze anos. Após um levantamento prévio em relação aos outros trabalhos, verificamos o que os pesquisadores buscavam em relação ao livro didático, ou seja, os tipos de perguntas mais frequentes. Pensando nessas perguntas, selecionamos quatro questões motivadoras que não encontramos nos trabalhos anteriores, nem no roteiro de análise de livros didáticos proposto por Bagno (2007).

Nossa primeira questão foi inspirada em uma indagação comum: o livro trata da variação linguística? No entanto, como desejamos nos aprofundar sobre como a variação é tratada, perguntamos: *a variação linguística é uma constante na obra ou aparece de forma pontual, isolada?* Essa questão surgiu quando começamos a perceber que eram analisados apenas os capítulos dedicados ao tema e não havia uma preocupação em saber se o mesmo era estendido pelo livro.

A segunda questão foi proveniente de uma preocupação um tanto incômoda: muitas das vezes o vocabulário científico/acadêmico utilizado no livro didático causa dificuldade de entendimento por parte dos alunos. No entanto, parece ser um beco sem saída: como abordar algo científico sem ser por meio de nomenclaturas científicas? Embora o trabalho de Manini (2009) houvesse apresentado preocupação com o excesso de terminologias, da nossa preocupação anterior surgiu essa segunda questão: *a terminologia utilizada pelo livro se adéqua aos padrões científicos ao mesmo tempo que é acessível ao aluno?*

Já a terceira questão surgiu com base em algo que o PNLD exige: a utilização de gêneros textuais diferentes. Apesar de verificarmos essa preocupação em alguns trabalhos anteriores, percebemos que era apenas relacionada à questão do gênero. Em relação à questão linguística, sabemos que muitos textos não representam fielmente a variedade linguística que almejam retratar, por isso, questionamos o seguinte: *há a utilização de gêneros textuais que sejam representativos das variantes linguísticas abordadas, em situações reais de uso?*

Finalmente, nossa última questão está relacionada ao português brasileiro (doravante PB). De acordo com o PNLD, a linguagem utilizada no livro didático deve considerar o PB contemporâneo. Com base nisso, procuramos saber se *os fenômenos abordados estão coerentes com a realidade linguística do PB.* Ainda que Rodrigues (2010) houvesse apresentado preocupação com a falsa homogeneidade linguística vendida pelos livros, nossa pergunta não tem o mesmo sentido, pois procuramos analisar se os fenômenos fazem parte ou não do PB. Essa nossa questão se baseia no fato de que muitos livros didáticos ainda se utilizam dos parâmetros gramaticais do português europeu (PE), no ensino de língua portuguesa.

6° ano/Português: linguagens

Escolhemos para analisar a obra *Português: linguagens*, do 6° ano. O livro, elaborado por William Cereja e Thereza Cochar Magalhães, foi editado pela primeira vez em 1998, edição que foi utilizada aqui. Depois, houve algumas novas edições, entre as quais escolhemos a 5ª edição reformada, de 2009. Esta última edição foi aprovada pelo PNLD; a primeira, no entanto, não possui o selo.

Como mencionado, cotejar as duas obras tinha por objetivo, tão somente, verificar o quanto uma edição mudou em relação à outra para atender aos quesitos estabelecidos pelo PNLD. Cabe reportar, primeiramente, o resultado dessa investigação. Não foram realizadas alterações na edição mais recente com a finalidade de inserir a questão da variação linguística, uma vez que essa já era uma preocupação dos autores desde a primeira edição.

Vamos reproduzir, a seguir, as questões motivadoras para apresentarmos a nossa análise.

(a) **A variação linguística é uma constante na obra ou aparece de forma pontual, isolada?**

Foi verificado, em relação às duas edições, que a preocupação com a variação linguística é apenas apresentada em um capítulo destinado para esse fim. O capítulo se chama, nas duas obras, "As variedades linguísticas". Nele há uma abordagem do assunto com base na teoria sociolinguística. Assim, podemos encontrar termos relacionados à variação como *dialeto*, *gíria*, *norma culta* e outros. Há também referência à história da língua portuguesa, e sua consequente mudança do latim ao PB.

Todas essas informações são passadas de forma didática: algumas, como a história da língua portuguesa, vêm em boxes, como informações adicionais. Verificamos que em nenhuma outra parte do livro há referência à variação linguística. Por esse capítulo conter teoria linguística, acreditamos que ele exista para atender à exigência de abordar o assunto no livro didático.

(b) **A terminologia utilizada se adéqua aos padrões científicos ao mesmo tempo que é acessível ao aluno?**

Nas duas edições em estudo, pudemos perceber que a terminologia utilizada estava de acordo com a teoria sociolinguística, como mencionado. Embora os autores tenham tido o cuidado de explicar determinados termos, acreditamos não ser suficiente para torná-los conhecidos do aluno. Um exemplo disso é a expressão *norma culta*. Os estudiosos do assunto dominam os termos e sabem utilizá-los com propriedade. No entanto, mencionar essa expressão, para uma turma de 6º ano, sem explicar o que vem a ser uma *norma*, porque é *culta*, o que essa palavra tem a ver com o sentido, quais as implicações sociais de se falar em norma *culta* (*com cultura*) etc. pode dificultar a compreensão do tema por parte dos alunos. Vejamos um exemplo da conceituação que os autores fazem de língua padrão e língua não padrão: "*Língua padrão, norma culta* ou *variedade padrão* é a variedade linguística de maior prestígio social. *Língua não padrão* é o conjunto de todas as variedades linguísticas diferentes da língua padrão" (Cereja e Magalhães, 2009: 45; grifos dos autores).

(c) Há a utilização de gêneros textuais que sejam representativos das variantes linguísticas abordadas, em situações reais de uso?

Em nenhuma das edições há o uso de gêneros textuais que representem as variantes abordadas em situação *real* de uso, como na fala espontânea por exemplo. Os textos utilizados têm por objetivo uma aproximação com a variante linguística em questão. Há um exemplo disso em ambas as edições: uma tirinha do Chico Bento, personagem da Turma da Mônica, que utiliza a "variante linguística rural". Sabemos, contudo, que essa reprodução não é fiel, muito embora haja diálogos na HQ, pois nem sempre o personagem usa construções do dialeto caipira.

Houve uma mudança dos textos da edição de 1998 para a de 2009 e pudemos perceber que na edição mais atual os textos são mais literários, como poemas e narrativas. Na edição anterior, havia uma diversidade maior de gêneros. Nessa edição havia, inclusive, uma música, dos Mamonas Assassinas ("Chopis Centis"), que, embora não fosse representativa de uma situação *real* de fala, retrata, de forma bastante fiel, o português não padrão.

(d) Os fenômenos abordados estão coerentes com a realidade linguística do PB?

Pelo fato de a variação linguística ser somente abordada em um capítulo específico, logo pudemos perceber, e verificar, que os demais capítulos não fazem menção ao assunto. Sendo assim, a gramática não é apresentada de modo a provocar no aluno a reflexão linguística, com a análise dos fenômenos linguísticos através da teoria da variação. Nesses capítulos, referentes ao estudo da teoria gramatical, o PB não aparece como objeto de estudo, mas sim o PE. Embora não haja abordagem de fenômenos linguísticos, nas duas edições, porém, no capítulo reservado à variação linguística, há exercícios que promovem a reflexão linguística. Em um deles (Cereja e Magalhães, 1998: 24) convida-se o aluno a transformar frases escritas na norma culta utilizando a norma popular; em outro (p. 45), citam-se casos como "olho-oio", "trabalhar-trabaiar" para que o aluno descubra a lógica utilizada pela norma popular.

Ensino médio: *Português: volume único*

A obra escolhida se intitula *Português: volume único* e foi elaborada por Domingues Maia. O objetivo inicial da nossa análise era verificar que respostas encontraríamos para as nossas quatro questões motivadoras. No entanto, também queríamos saber se houve mudança de uma edição para outra, no que concerne à inserção da variação linguística no livro didático. Para isso escolhemos duas edições distintas que, assim como a obra analisada anteriormente, apresentam 11 anos de diferença. A primeira edição é a de 2000 e a segunda, de 2011.

Em relação ao nosso segundo objetivo, de cotejar edições diferentes, foi verificado que houve mudanças de uma edição para a outra. Na primeira edição, de 2000, não havia qualquer referência à questão da variação linguística. Já na edição de 2011, há um capítulo voltado exclusivamente para o assunto. Embora tenha havido modificação de alguns textos, exceto no que concerne ao capítulo de variação linguística, não houve alterações no conteúdo do livro: os exercícios de gramática continuam os mesmos da edição de 2000. Isso modificou, portanto, a análise que fizemos da obra, pois, em relação ao primeiro objetivo, que é responder às quatro questões motivadoras, não pudemos trazer dados das duas edições, uma vez que a primeira não atende a nenhuma indagação.

Segue a análise do nosso primeiro objetivo, com as respostas às questões motivadoras.

(a) A variação linguística é uma constante na obra ou aparece de forma pontual, isolada?

Na edição de 2000, não há menção à existência da variação linguística, já na edição de 2011, há um capítulo exclusivamente voltado para o assunto. Além desse capítulo, não há qualquer outra referência, o que parece apontar para o fato de que ele foi inserido para atender às exigências oficiais. Ao longo do livro, a abordagem linguística mantém o mesmo padrão da edição anterior, como exercícios de fixação de gramática.

Isso é curioso porque temos a impressão nítida de que há uma pressão, por parte de órgãos oficiais, para se abordar a questão das variações linguísticas nos livros didáticos. No entanto, para fazer um trabalho ao longo do livro, é necessário reformular *todo* o conteúdo. Assim, elaborar um capítulo sobre o assunto "basta" para torná-lo aceito oficialmente, o que não deveria acontecer.

(b) A terminologia utilizada se adéqua aos padrões científicos ao mesmo tempo que é acessível ao aluno?

Como apenas uma das edições contemplou a questão da variação linguística, não pudemos trazer dados das duas edições. Na edição que inseriu o assunto (2011), contudo, no capítulo intitulado "A língua e suas variedades", há uma apresentação de termos científicos. O autor buscou explicar aqueles utilizados, fazendo uso de termos como "variedade", "condicionadas" e "prestígio" – comuns a textos de Sociolinguística.

Semelhantemente ao proposto por Cereja e Magalhães (1988 e 2009), Maia (2011) faz uso de termos provenientes da teoria sociolinguística e utiliza-os de forma didática. No entanto, ainda consideramos que poderia haver *mais adequação* da linguagem utilizada, como, por exemplo, explicar porque é *culta*. Esses capítulos de variação linguística apresentam terminologia de teoria sociolinguística atual, fazendo com que, em relação aos demais capítulos em que há predomínio da teoria gramatical tradicional, haja uma discrepância significativa.

(c) Há a utilização de gêneros textuais que sejam representativos das variantes linguísticas abordadas, em situações reais de uso?

Em relação aos gêneros utilizados, novamente, usamos dados da edição de 2011. Há a utilização de gêneros que almejam representar determinadas variedades. Em um deles, o autor traz uma entrevista retirada do Projeto Nurc, em que há, de fato, uma variedade linguística em situação *real* de uso. Na parte do capítulo voltada para a questão dos jargões, há um trecho de jornal que também representa o uso real desse código linguístico.

Os demais textos utilizados pelo autor não atendem ao nosso questionamento, uma vez que as variantes linguísticas apresentadas não correspondem a situações reais de uso.

(d) Os fenômenos abordados estão coerentes com a realidade linguística do PB?

Em relação a esta última pergunta, verificamos que, nas duas edições, exceto no capítulo destinado à variação linguística da edição de 2011, não há abordagem de fenômenos linguísticos do PB. A norma-padrão apresentada ao longo do livro didático descreve os fenômenos linguísticos abordados nas gramáticas tradicionais, uma norma mais aproximada do PE.

No capítulo destinado à variação linguística, na edição de 2011, há a abordagem de um fenômeno do PB contemporâneo, a regência do verbo assistir, como podemos ver na reprodução da tira "O gatão de meia idade", de Miguel Paiva, que contém a seguinte frase: "Meu Deus! Perdi a hora e não assisti o jogo!" (Maia, 2011: 16). Há uma promessa de voltar ao assunto: "No decorrer deste livro daremos outros exemplos". Procuramos esses exemplos, porém não os encontramos. Novamente, há uma preocupação com o capítulo referente à variação linguística que não é manifestada nos demais capítulos.

Nossa análise possuía dois objetivos distintos: o primeiro era ver como duas obras diferentes, uma de 6º ano e uma de ensino médio, atenderiam a quatro questões diferentes. O segundo objetivo era, em relação a esses dois livros didáticos, comparar edições diferentes, para verificar se foram feitas mudanças para atender à exigência oficial de inserir a questão da variação linguística. Verificamos que a obra de Cereja e Magalhães não sofreu modificações, exceto pelos textos, nas duas edições analisadas (1988, 2009), enquanto a obra de Maia apresentou a inserção de um novo capítulo.

Considerações finais

Neste capítulo, abordamos o tema da variação linguística em livros didáticos de português a partir de três olhares. O primeiro retomou análises previamente realizadas sobre esse tema, trazendo as conclusões que apontam para a superficialidade com que os livros didáticos cumprem a exigência de incluir a variação linguística em seu conteúdo. Essas análises são bem-sucedidas na medida em que servem como lupa para que se possa visualizar com detalhes como vários livros didáticos lidam com esse tema.

O segundo olhar teve como base, sem sombra de dúvida, o primeiro. Dele se diferencia por ter pretendido introduzir novas questões para a abordagem do tema em estudo. Tratou-se de uma experiência de buscar novas focalizações para esse tema, procurando instigar os pesquisadores que lidam com ele a pensar, eles também, novos questionamentos a serem feitos ao livro didático. Saber formular questões é imprescindível para que análises mais complexas venham a ser realizadas e este capítulo esperou ter contribuído para a descoberta de como se desenvolve esse processo.

O terceiro olhar se inicia, portanto, a partir desse convite, e é esse olhar que será desenvolvido na presente seção. De modo exploratório, duas linhas de investigação serão apresentadas. Ambas visam apenas apontar caminhos a serem percorridos por futuros trabalhos que se debrucem sobre o tema da variação linguística em livros didáticos de português. A primeira linha trata de um tema decorrente da variação linguística, que é o do preconceito linguístico. A segunda linha traz uma reflexão sobre a produção de materiais didáticos de português.

O tema do preconceito linguístico, assim como o da variação linguística, deveria possuir naturalmente um lugar de destaque no livro didático de português. Isso porque são as orientações do PNLD que ressaltam, por exemplo, que nenhuma coleção de livro didático deve "manifestar, nos seus próprios textos e ilustrações – ou, ainda, reproduzir, em textos e imagens de terceiros e sem discussão crítica –, preconceitos que levem a discriminações de qualquer tipo, incluindo-se aí preconceitos contra variedades linguísticas não dominantes (dialetos, registros etc.)" (Brasil, 2009: 23). A inclusão do preconceito linguístico, na verdade, remete às questões mais amplas trazidas na primeira seção deste capítulo a respeito da cidadania. Não discriminar pessoas por qualquer motivo que seja é um dever de todo cidadão. A realidade, no entanto, parece desmentir essa declaração, uma vez que toda a sociedade conhece exemplos visíveis e constantes de episódios de preconceito linguístico.

Deve ser necessário, portanto, que análises de livros didáticos de português não apenas incluam o tema do preconceito linguístico, mas o façam com ênfase. Podemos exemplificar a importância desse trabalho considerando-se o seguinte levantamento: das 24 coleções analisadas no *Guia de livros didáticos* (Brasil, 2009), somente em quatro delas há menção ao tema do preconceito linguístico. Dessas quatro, duas são analisadas de forma favorável e duas de forma desfavorável, apontando que o trabalho sobre o preconceito linguístico não está diretamente exposto no livro didático e deve ser realizado pelo professor. Tamanha ausência de preocupação com esse tema, portanto, merece que pesquisadores a denunciem, realizando análises mais completas desses livros.

O guia PNDL de 2012 (Brasil, 2011: 22) reconhece que "os Livros Didáticos de Português (LDP) para o Ensino Médio (EM) não disseminam preconceitos e estereótipos discriminatórios, mas ainda investem pouco, tanto no acolhimento às vozes divergentes e às tensões que caracterizam a vida republicana, quanto no efetivo debate a esse respeito". As próprias orientações para o ensino médio são bem mais brandas do que para os níveis anteriores de ensino. Poderia isso ser explicado pelo fato de que já se assumiria que o aluno, ao ingressar no nível médio, já traria informações suficientes para formar uma consciência a respeito da variação linguística e do preconceito linguístico? Com base em todas as análises vistas até o momento, essa assunção não se sustenta.

Fica, portanto, a sensação de que se poderia "fazer" mais a respeito do tema. Que os livros didáticos de português estejam incorporando temas de Sociolinguística é um avanço a se comemorar. Entretanto, o modo com que essa incorporação tem sido realizada, de modo superficial e apenas com vista a atender exigências oficiais, deve ser motivo de preocupação. A questão que se segue é: por que não há interesse e motivação para ir além do básico em relação a esse tema em livros didáticos do português? Essa pergunta leva a uma questão bastante ampla, qual seja, o posicionamento da sociedade em relação ao tema da variação linguística e, principalmente, ao do preconceito linguístico. Pode-se alegar que o tema é polêmico, difícil de tratar, ou até mesmo que é inadequado se aprofundar nele em determinados níveis de ensino. Ainda assim, conforme visto na primeira seção deste capítulo, trata-se de um tema que tem seu lugar na formação cultural e social do indivíduo e, portanto, merece ser abordado com profundidade.

Discutir a ausência de tratamento adequado a esses temas é importante, mas nos garantiria que os livros didáticos mudariam esse tratamento? Aqui começa, portanto, a segunda linha de investigação exploratória: a produção de materiais didáticos de português. Todos os que lidam com esse assunto conhecem a complexidade que envolve esse tipo de produção, algo apontado na primeira seção deste capítulo. Isso faz com que existam profissionais dedicados somente à produção de livros didáticos, ao mesmo tempo que, para outros tipos de profissionais, tal tarefa parece ser inviável, dada a incompatibilidade de tempo em seu dia a dia. Isso significaria, por exemplo, que professores pesquisadores da área de Sociolinguística, por causa de suas condições de trabalho, teriam poucas chances de construir um livro didático de português tal como é realizado por aqueles que se dedicam prioritariamente a essa tarefa. No entanto, acreditamos que – dado o quadro pouco alentador que encontramos sobre os temas discutidos neste capítulo – algo pode ser feito para incentivar e estimular uma alteração nesse quadro.

A produção de trechos de materiais didáticos ilustrativos apenas dos temas discutidos pode ser o início de uma solução.[2] Pode-se eleger uma variação linguística para explorar do modo como deveria ser explorado, se seguirmos, por exemplo, as ideias da Educação Linguística. Dessa forma, se tornaria possível visualizar de modo direto um olhar que podemos chamar de "radicalmente" sociolinguístico para esses temas. A título de exemplo, a inserção da norma não padrão em exercícios e explicações para a compreensão da norma culta[3] pode trazer como benefícios a aproximação do livro didático com a realidade dos alunos (para aqueles que falam alguma variedade de norma não padrão) ou o reconhecimento da legitimidade da norma não padrão (para os alunos que não possuem características marcadas por essa norma na fala, alunos cujo modo de falar já se aproxima do polo das variedades cultas, por manterem contato com indivíduos letrados e altamente escolarizados[4]). Reconhecemos que se trata de um desafio com amplas repercussões e cujas bases são discutíveis. Ainda assim, sua existência serve como geradora de reflexões sobre o "fazer" na área de produção de materiais didáticos. Portanto, a presença dessas reflexões e fazeres já será uma vitória alcançada pelas ideias veiculadas neste capítulo.

Notas

[1] As ideias veiculadas neste capítulo provêm do trabalho realizado no Projeto de Iniciação à Docência "Operação Variação Linguística Já em Materiais Didáticos – Eu apoio!" pela bolsista Monique Débora Alves de Oliveira, de quem partiram importantes contribuições que enriqueceram este texto.
[2] O trabalho realizado no Projeto de Iniciação à Docência "Operação Variação Linguística Já em Materiais Didáticos – Eu apoio!" pela bolsista Monique Débora Alves de Oliveira (UERJ) é um exemplo dessa ilustração proposta.
[3] Um "experimento" desse tipo está em andamento no Projeto referido na nota 2.
[4] Ver Bortoni-Ricardo (2004) sobre o contínuo de urbanização.

Avaliação das variantes: atitudes e crenças em sala de aula

Lucia Cyranka

A avaliação linguística é um dos itens que precisa passar a ter destaque nas discussões contemporâneas sobre o trabalho escolar com a língua materna, já que ela desencadeia o processo de construção de julgamentos subjetivos do falante em relação a sua língua, a seu dialeto e ao de seu interlocutor na construção das chamadas atitudes linguísticas.

Neste capítulo, empenhamo-nos em refletir sobre essa importante questão das atitudes e das crenças dos sujeitos em relação à língua que falam, à língua com a qual interagem com seus pares, enfim, à língua por meio da qual, como nos ensina Bakhtin (2006), constroem sua identidade e se constituem como sujeitos. Esse novo enfoque tem tido como consequência o fato de que hoje, em termos ideais, não se recomende mais o trabalho com a linguagem desvinculada de sua inserção nos gêneros textuais, lugar único em que se concretizam as manifestações linguageiras. Por isso também não se admite mais a insistência em se centrar o trabalho escolar com a língua nas classificações, nas listagens de regras, no domínio de uma metalinguagem que não repercute na ampliação de competências do aluno no uso de sua língua, nem tampouco no seu interesse pelas práticas de letramento.

Os fundamentos teóricos do trabalho com a linguagem na sua concepção dialógica já estão em fase bem adiantada de construção. O século XX pós-estruturalista conheceu caminhos riquíssimos para a reflexão sobre a linguagem e seu ensino: a Linguística Textual, a Análise do Discurso, a Pragmática, o Funcionalismo, a Semântica Argumentativa, enfim todas as propostas surgidas a partir da Linguística da Enunciação, inclusive a Sociolinguística.

Se muitos professores e muitas escolas não estão ainda preparados para investir nessa direção, não é por falta de demonstração e de convite a esse desafio inovador. Os motivos, certamente, são outros. Muitos há, no entanto, que têm se engajado nessa busca de caminhos para enfrentar o grave desafio de inserir, efetivamente, crianças, jovens e adultos no mundo letrado, tornando-os capazes de atuar na sociedade contemporânea centrada na escrita e em outros códigos semióticos, todos eles exigindo competência de leitura e de produção de textos.

De qualquer modo, qualquer que seja o caminho trilhado pelo professor, no sentido de levar seus alunos a se engajarem no processo de desenvolvimento de competências de leitura e de escrita, requer o cuidado de também levá-los, como dito anteriormente, a construir crenças positivas sobre essa sua capacidade. O ponto de partida é o reconhecimento de que são usuários competentes de um sistema complexo que eles próprios adquiriram naturalmente e com o qual são capazes de atuar em seu meio social. A partir daí, orientados pela escola, devem se empenhar em conhecer recursos linguísticos mais sofisticados, para os quais precisam estar treinados e preparados.

Sem dúvida, o bom trabalho da escola nessa direção é complexo e desafiador, exigindo, por isso mesmo, propostas pedagógicas adequadas, sendo uma delas a que já se tornou conhecida como a pedagogia da variação linguística (Faraco, 2008) e da qual trataremos aqui.

Na primeira parte, reunimos algumas discussões de sociolinguistas sobre o conceito de norma-padrão para diferenciá-la da norma culta. A falta de clareza sobre essa diferença pode estar sendo, desde há muito, a razão principal das equivocadas interpretações do senso comum sobre certo e errado em língua nacional. A disciplina Língua Portuguesa ensinada nas escolas se ressente dessa falta de clareza, o que, obviamente, tem contribuído para a construção de crenças e atitudes negativas de nossos alunos em relação a ela.

É justamente essa questão da avaliação, um dos interesses da Sociolinguística, que procuramos estudar na segunda parte, fazendo um levantamento de algumas contribuições teóricas nessa área e apresentando resultado de pesquisa sobre crenças e atitudes linguísticas de alunos do 9º ano do ensino fundamental.

Essas constatações prepararam a terceira parte, na qual discutimos a viabilidade de se construir uma pedagogia da variação que promova, realmente, a educação linguística dos alunos. Desse modo, eles se tornam capazes de compreender a língua como um fenômeno heterogêneo, sujeito à variação e à mudança, posicionam-se positivamente em relação ao dialeto de seu grupo social e se dispõem a investir nas práticas de letramento que os levam a dominar também a variedade culta da língua.

Na última parte, discutimos o indispensável papel do professor nessa tarefa.

Norma-padrão e norma culta

Em sua obra anteriormente referida, Faraco discute a construção do projeto padronizador das línguas ocidentais, reconhecendo nele uma necessidade nascida no final da Idade Média, como força centrípeta auxiliar do processo de integração das relações sociais, até então muito descentralizadas, dentre as quais se destacava um mapa linguístico altamente diversificado. Ele explica (2008: 75, grifo nosso):

> Desde Antonio de Nebrija (autor daquela que é considerada a primeira gramática de uma língua moderna – a gramática do castelhano publicada em 1492) se buscou estabelecer, por meio de instrumentos normativos (gramáticas e dicionários), um *padrão* de língua para os Estados Centrais Modernos, de modo a terem eles um instrumento de política linguística capaz de contribuir para atenuar a diversidade linguística regional e social herdada da experiência feudal. A esse instrumento damos hoje o nome de norma-padrão.

A norma-padrão[1] é, como também orienta esse autor (ibidem), até hoje "[...] uma codificação abstrata, uma baliza extraída do uso real para servir de referência, em sociedades marcadas por acentuada dialetação, a projetos políticos de uniformização linguística". Essa norma, portanto, serviu, e serve ainda, de referência para estimular o processo de uniformização a que se refere Faraco, não podendo ser confundida com a língua propriamente, no seu vigor de prática constitutiva das relações entre interlocutores.

Desse processo de padronização, no entanto, derivaram, ao longo da sócio-história, crenças sobre a hegemonia de uma variedade linguística idealizada em que essas normas seriam concretizadas, o projeto da norma-padrão nacional. Aplicado ao uso comum da língua, esse projeto instituiu normas de caráter coercitivo cuja vigência, como lembra Monteagudo (2011: 42), "[...] repousa num consenso na avaliação das variantes e variedades no seio da comunidade linguística, um consenso que, entre outras coisas, se manifesta em sanções e recompensas simbólicas, outorgadas espontaneamente pelos seus membros, e que tornam a (in)competência na variedade padronizada um fator chave de discriminação social."

Tratando dessa questão do prestígio da norma-padrão, também Milroy (2011: 52) esclarece a identificação indevida que se construiu, ao longo da história, entre dois diferentes significados atribuídos ao conceito de padrão: o de uniformização e o de medida de desempenho associada a julgamento de valor, o que gerou, nesse processo, a substituição do caráter de uniformidade pelo de prestígio. O autor acrescenta a esse respeito (2011: 52-3):

No entanto, embora seja verdade em determinados casos que a variedade padrão é idêntica à variedade de maior prestígio, isso não implica que o prestígio elevado seja definidor do que constitui um "padrão". Isso fica particularmente claro se sairmos por um momento do campo da linguística: não é sensato aplicar a noção de prestígio a conjuntos de tomadas elétricas, por exemplo, embora elas sejam obviamente padronizadas, e diversas coisas que não são padronizadas, como ternos feitos sob medida, podem de fato ser aquelas que adquirem o mais elevado prestígio.

Portanto, a associação da obediência à norma à noção de prestígio e não apenas a de alto grau de uniformidade constitui um equívoco, porque atribui à descrição e à caracterização do sistema linguístico argumentos não de natureza interna à língua, mas a fatores de ordem externa, como o prestígio social dos falantes. Desse modo, do ponto de vista intralinguístico, o ideal de padronização esbarra numa contradição provocada pelo caráter eminentemente invariante em que ele implica relativamente a um fenômeno naturalmente variável, que é a língua. Assim, pode-se claramente deduzir que o conceito de variedade/norma-padrão em si mesmo não está ligado ao sistema linguístico propriamente, mas a uma ideologia. Milroy (2011: 55) confirma: "De fato, a dicotomia padrão/não padrão deriva, ela mesma, de uma ideologia – ela depende da aceitação prévia da ideologia da padronização e da centralidade da variedade padrão." Esse autor avança lembrando que, tal como os bens manufaturados precisam ser padronizados, por razões sociais e econômicas, também uma língua padronizada facilita as trocas no "mercado linguístico", de modo que esse processo constitui força inelutável entre muitas das línguas modernas. No processo de padronização das línguas, entrevê-se, portanto, uma questão ideológica muito mais do que linguística propriamente dita.

Importante consequência do estabelecimento do conceito de norma-padrão está no desenvolvimento da noção de correção aliada às formas padronizadas da língua (*para eu fazer* seria muito mais "correto" do que *para mim fazer; entrega em domicílio* seria muito mais "correto" do que *entrega a domicílio* etc.). Do ponto de vista do sistema linguístico, no entanto, não há argumento que sustente essa posição, a não ser que se considere correto o discurso dos que afirmam que os falantes nativos não têm intuição linguística, isto é, não sabem utilizar sua língua materna seguindo as regras que aprenderam intuitivamente, a partir de sua competência linguística. Nesse caso, quando chegam à escola, precisariam, realmente, aprender sua língua, da qual não seriam usuários competentes. Esse é o grande equívoco que é preciso desfazer. Dele trataremos no próximo item.

Aqui, no entanto, ainda é necessário chamar a atenção para o fato de que, embora existam línguas que não passaram pelo processo de padronização, a maior parte das que são hoje muito usadas foram e continuam sendo afetadas por ele. Mas o que se costumar chamar, ainda que indevidamente, de "variedade padrão" daí resultante, como lembra Milroy (2011: 69, grifos do autor), não constitui um vernáculo e não é falado exatamente por ninguém: "[...] a ideologia do padrão decreta que o padrão é uma ideia na mente – *é uma variedade perfeitamente estável, claramente delimitada e perfeitamente uniforme* –, uma variedade que nunca é perfeitamente nem consistentemente realizada no uso falado".

Apesar disso, como se viu anteriormente, ao longo desse processo sócio-histórico de padronização das línguas, agregou-se a ele o valor de língua de prestígio, de língua correta, culta. Esta última questão foi amplamente investigada, no caso do português brasileiro, pelo Projeto Nurc, que se preocupou em investigar o que, afinal, significaria, em termos linguísticos, ser um falante culto. Uma das surpreendentes conclusões desse projeto está descrita por Preti (1997: 17), ao caracterizar esse tipo de falante (nível universitário). O autor assim o descreve:

> [...] um falante de um dialeto social dividido entre as influências de uma linguagem mais tensa, marcada pela preocupação com as regras de gramática tradicional, e uma linguagem popular, espontânea, distensa. Portanto, essa hipotética linguagem urbana comum comportaria oposições como a presença de uma sintaxe dentro das regras tradicionais da gramática ao lado de discordâncias, regências verbais de tendência uniformizadora, colocações dos componentes da frase justificadas pelos elementos prosódicos, como no caso dos pronomes pessoais; abrangeria a precisão de um vocabulário técnico, ao lado da abertura de significado de vocábulos gírios; utilizaria vocábulos raros, de significação precisa, específica, concomitantemente com vocábulos populares de uso constante e de significado aberto.

Buscando a explicação para o surgimento desse novo perfil do falante culto, Preti encontra-a no processo contemporâneo de democratização política, que alcança também a democratização do ensino, levando as camadas populares a terem acesso à escola. Tudo isso associado ao desenvolvimento e à expansão da mídia, com seu importante papel na uniformização da língua, fixando o que ele denominou de *linguagem urbana comum* e descreveu como uma variedade em que estão presentes tanto as regras da gramática tradicional quanto a espontaneidade da linguagem popular. Preti (1997: 19-20) rediscute o conceito de discurso urbano oral culto, com base em evidências empíricas da pesquisa do Nurc-SP. Ele acrescenta:

> Índice inequívoco dessas transformações culturais, a presença da linguagem oral comum, até em contextos de ensino, demonstra uma nova atitude linguística, em que está implícita a rejeição do caráter normativo inflexível da tradição gramatical e a aceitação do caráter normal do uso vigente.

Um dos índices mais expressivos desse processo democratizador da cultura e de sua representação na linguagem espontânea ocorre, em nível de léxico, com o uso crescente das formas gírias, nas mais variadas situações de interação, com os mais variados tipos de falantes (inclusive os cultos). Não estaríamos exagerando, se disséssemos que esse vocabulário se expandiu consideravelmente, na época contemporânea, surgindo inclusive em situações de interação formal e constituindo, hoje, uma marca representativa do léxico popular na linguagem urbana comum.

Percebe-se aqui uma convergência dessa constatação com o que já afirmara Labov (1987: 132) a propósito dos mecanismos da variação linguística, quando atribui esse papel menos à escola do que à comunidade:

> Poder-se-ia pensar que o padrão é resultante do ensino escolar ou da imitação consciente dos locutores de rádio. Isso pode ser verdade para alguns aspectos da variação, mas há várias razões para se acreditar que a principal rota de transmissão está na grande comunidade.[2]

Nessa afirmação de Labov, em que o sentido de norma-padrão está associado ao de língua culta, pode-se entrever o fenômeno do *prestígio encoberto*,[3] postulado por ele mesmo em 1972. Trata-se de um *status* particular atribuído pelos falantes de determinado grupo social à sua própria variedade linguística, ou vernáculo básico (cf. Bortoni-Ricardo, 2005: 49). Trataremos, mais à frente, dessa questão.

Segundo Chambers (1995: 221-2), esse prestígio configura um caso de contrapressão a favor do vernáculo ao qual se atribuem valores positivos.

Trudgdill (1974: 96), ao tratar de problemas referentes às atitudes dos falantes com relação às variantes linguísticas, também invoca a noção de prestígio encoberto como um dos fatores que poderiam explicar a discrepância entre as avaliações subjetivas e o uso real – as pessoas julgam seu próprio uso segundo normas advindas de seu vernáculo.

A esse respeito, Paiva (2003: 40) enfatiza:

> As variantes linguísticas estigmatizadas pela comunidade de fala possuem, muitas vezes, uma função de garantir a identidade do indivíduo com um determinado grupo social, um sistema de valores definido. Isso é, são formas partilhadas no interior de um grupo e assinaladoras de sua individualidade com relação a outros grupos sociais. Se um indivíduo deseja integrar o grupo, deve partilhar, além das suas atitudes e valores, a linguagem característica desse grupo. Nesse caso, determinadas formas de linguagem se investem de um *status* particular, embora sejam desprovidas de prestígio na comunidade linguística em geral.

O fenômeno do prestígio encoberto parece estar associado à dimensão de *solidariedade*, sinalizadora de identificação e lealdade linguística (cf. Garvin e Mathiot, 1974: 126).

Esse fenômeno que aumenta o prestígio da variedade popular leva à necessidade de se indagar sobre critérios de diferenciação entre o falante do vernáculo e o falante urbano culto. Preti (1997: 18) propõe que o segundo pode ser identificado por sua competência em transitar de uma variedade coloquial, espontânea, a uma tensa, formal. Essa habilidade do falante está ligada ao contexto e, portanto, à sua necessidade de comunicação, sendo esse o único critério válido para se identificar o falante culto real, e não seu conhecimento do conjunto das regras de gramática. Faraco (2008: 83) propõe chamar *norma gramatical* o conjunto desses fenômenos apresentados como cultos/comuns/*standard* propostos por nossos gramáticos modernos, num esforço de "[...] flexibilizar os juízos normativos, quebrando, pelo menos em parte, a rigidez da tradição excessivamente conservadora". Cabe, entretanto, reconhecer que, em princípio, a habilidade de adaptar o registro ao contexto deve ser comum a todos os falantes.

Também Barros (1997: 32), outra pesquisadora do Nurc-SP, ao referir-se às elocuções formais nessas pesquisas, assim caracteriza o falante culto: "É a capacidade de variação e não o 'purismo' de um único uso que separará, de um lado, os falantes cultos, de outro, os que 'não sabem falar', não são maleáveis, não se adaptam às necessidades dos diferentes momentos e situações."

Preti (1997: 26) resume assim as conclusões a que chegou sobre a questão do falante culto:

> Em síntese, o que o *corpus* do Projeto Nurc/SP tem-nos mostrado (e isso já na década de 70) é que os falantes cultos, por influência das transformações sociais contemporâneas a que aludimos antes (fundamentalmente, o processo de democratização da cultura urbana), o uso linguístico comum (principalmente, a ação da norma empregada pela mídia), além de problemas tipicamente interacionais, utilizam praticamente o mesmo discurso dos falantes urbanos comuns, de escolaridade média, até em gravações conscientes e, portanto, de menor espontaneidade.

Apesar dessa surpreendente transformação do comportamento do falante culto, ainda paira sobre a comunidade de fala a pressão da imagem da norma culta explícita, imagem esta construída dentro de um processo sócio-histórico e que é preciso respeitar em determinadas condições, tanto na língua falada quanto na escrita.

Sobre essa questão, ainda Barros (1997: 35) se aprofunda, analisando o material coletado pelo Nurc-SP. A pesquisadora mostra como se constrói o papel social do falante culto, cuja característica ela retoma: "[...] falante de prestígio, que conhece as regras da conversação e da língua, que emprega adequadamente suas possibilidades de variação, que tem a função de referendar os 'bons usos' da linguagem".

Faraco (2008: 174-84) adverte sobre o risco de se exacerbar o distanciamento entre a variedade padrão e a culta – perigo já apontado com clareza pelos resultados do Projeto Nurc-SP – e sugere a criação de mecanismos socioculturais para realizar os ajustes necessários. Dentre eles, sem dúvida, está a discussão, nos espaços públicos, na mídia, na escola, sobre a questão da heterogeneidade linguística como um fenômeno inerente a toda língua e, consequentemente, natural e até mesmo necessário. A escola pode e deve fazer esse trabalho desde os primeiros anos do ensino fundamental, levando os alunos a se perceberem como falantes legítimos de sua língua materna e a perceberem nela a expressão da cultura de seu grupo social e de outros diferentes com os quais devem interagir. Nesse processo, as diferentes normas linguísticas vão sendo reconhecidas, dos dialetos populares às variedades cultas, sem dúvida, as mais prestigiadas.

O grande agravante de tudo isso é que, no trabalho com a língua portuguesa na escola, nada disso se discute, mas se propõe a aprendizagem da norma idealizada, a norma-padrão, como se isso fosse suficiente para que os alunos se tornem competentes no uso das variedades cultas, com as quais, principalmente os que pertencem às classes populares rurais, pouco convivem fora da escola.

Fosse isso adequadamente trabalhado na escola, estaria garantido o que Garvin e Mathiot (1974: 121) denominam as *funções* do projeto padronizador de uma língua: promover a unidade linguística, garantir a sua existência dentro do quadro de outras línguas, agregar prestígio como língua de cultura e constituir um panorama de referência para o uso da fala em geral. Tais funções determinam as atitudes culturais em relação a ela: a lealdade linguística, o orgulho e a consciência da norma.

O correlato disso seria evitar que os julgamentos valorativos sobre as línguas acabem sendo, na verdade, julgamentos sobre seus falantes, o que leva à intolerância linguística, ao preconceito, um dos comportamentos mais nefastos contra as classes desprivilegiadas, já que sua condenação está sequer prevista na Constituição brasileira.

Lembremos que o direito de o cidadão ser reconhecido como membro de uma comunidade linguística, de conviver e de se associar a outras comunidades, mantendo e desenvolvendo sua própria cultura, mas, ao mesmo tempo, fazendo-se partícipe do legado da cultura brasileira, está expresso na "Definição da Política Linguística do Brasil", proposta pela Associação Brasileira de Linguística (cf. Scliar-Cabral, 1999: 7-17).

Gnerre (1994: 25) também entrevê aí uma questão ideológica:

> Talvez exista uma contradição de base entre ideologia democrática e a ideologia que é implícita na existência de uma norma linguística. Segundo os princípios democráticos nenhuma discriminação dos indivíduos tem razão de ser, com base em critérios de raça, religião, credo político. A única brecha deixada aberta para a discriminação é aquela que se baseia nos critérios da linguagem e da educação.

Sem o acesso às variedades cultas, enfim, estão vedados os caminhos que possibilitam o acesso ao poder. É também Gnerre (1994: 22) que afirma: "A começar do nível mais elementar de relações com o poder, a linguagem constitui o arame farpado mais poderoso para bloquear o acesso ao poder."

Para finalizar esta seção e resumindo o que é importante para continuar o que vimos discutindo, façamos uma clara distinção entre o que seja a variedade padrão idealizada e as variedades cultas. A primeira, um constructo de valor fortemente ideológico que, buscando promover a uniformização linguística, ao longo da sócio-história, adquiriu caráter artificial, não sendo utilizado por nenhum falante, mas tornando-se um parâmetro para medir a competência de todos os usuários da língua, seja na modalidade oral, seja na escrita. Daí o prestígio a ele associado, forte e nefastamente discriminador.

Quanto às variedades cultas, mais propriamente nomeadas assim, no plural, abrangem um conjunto de estilos utilizados pelos falantes dos centros urbanos com inserção na cultura letrada, nos seus usos mais monitorados, mas cedendo também às inovações determinadas pelo uso comum da língua, tanto na modalidade oral quanto na escrita.[4]

O que mais caracteriza, no entanto, o falante culto é sua capacidade de transitar por diferentes pontos dos contínuos oralidade/letramento, de urbanização e de monitoração estilística. Esses três contínuos foram propostos por Bortoni-Ricardo (2004) para dar conta da pluralidade do português brasileiro e tornaram-se um parâmetro bastante produtivo para a organização do trabalho escolar com a língua portuguesa.

Reconheço que, ainda que caiba à escola levar os alunos a desenvolverem a competência de uso das variedades cultas da língua, ela não pode se eximir de fazer uma reflexão acerca da conflitante realidade que ainda vivenciamos. À escola ainda compete, sem dúvida, promover uma apreciação da norma-padrão, sempre com um olhar crítico. Uma estratégia muito produtiva é convidar os alunos a fazerem pesquisa junto a textos orais e escritos, presentes no cotidiano dos falantes considerados cultos, em situações monitoradas ou não, e nos meios de comunicação, para que possam confrontar essa realidade com a que está ainda prescrita em muitos livros didáticos e gramáticas. Itens interessantes, por exemplo, seriam o uso dos verbos *ter* e *haver*, do particípio regular e irregular, da passiva sintética, do uso de *a gente* em lugar de *nós* etc. Isso porque muitos desses alunos, possivelmente, mais à frente, deverão enfrentar avaliações que utilizam certa norma-padrão como referência, de modo que precisam ter critérios para responder com autonomia a essas questões, sem correrem o risco de serem reprovados.

Essas reflexões nos possibilitam discutir agora a importância de a escola dar um tratamento adequado às questões ligadas à linguagem do aluno e às atividades que o levem a ampliar sua competência de uso das variedades cultas da língua. É disso que trataremos a seguir.

As atitudes e as crenças dos alunos sobre sua competência linguística

Do que ficou discutido, podem-se compreender muitas das razões pelas quais a escola não tem conseguido vencer o desafio de levar os alunos a se tornarem competentes e autônomos no uso das variedades cultas da língua, passaporte indispensável para seu ingresso em muitos dos espaços sociais que almejam alcançar. Esse impedimento contraria o que anteriormente nos lembrou Scliar-Cabral, expresso na "Definição da Política Linguística do Brasil", proposta pela Associação Brasileira de Linguística. As razões estão, em grande parte, ligadas à insistência da nossa tradição escolar em não reconhecer a legitimidade do vernáculo dos alunos, impondo-lhes o domínio da norma-padrão como condição de sucesso. Isso com o agravante de não apenas desconhecer o seu vernáculo, mas também de considerá-lo errado, nocivo, devendo ser esquecido.

É claro que o preconceito linguístico não é construído apenas na escola, há todo um aparato na sociedade que o sustenta. Milroy (2011: 62, grifo do autor) faz uma interessante reflexão a esse respeito, chamando a atenção para a luta inglória contra a ideologia da "língua padrão", já que ela foi construída numa certa lógica: "[...] a crença de que a língua é um bem *cultural*, análogo à religião e aos sistemas legais, mais do que parte das faculdades mentais ou cognitivas do ser humano". Ele continua:

> Tem muita coisa de "ideológico" nessa matéria que me surpreende. No entanto, na medida em que a língua realmente é um objeto cultural, dificilmente se pode dizer que aquelas opiniões são inteiramente extraviadas e, nesse sentido, tampouco

irracionais. Assim, por tal qualidade, elas têm de ser respeitadas e levadas a sério. Opiniões públicas são profunda e sinceramente sustentadas e amplamente difundidas na sociedade, por mais que os linguistas possam considerá-las infundadas. Também são manifestações de posições e crenças ideológicas profundamente enraizadas, e nós desprezamos isso, para nosso risco. Se dissermos às pessoas que não são verdadeiras determinadas coisas sobre a língua em que elas acreditam firmemente, elas desconfiarão de nós e rejeitarão o que dizemos.

Acrescentamos a essa reflexão essa outra aduzida por Bortoni-Ricardo (2005: 14) e que transcrevo a seguir:

> O prestígio do português culto, padronizado nas gramáticas e dicionários e cultivado na literatura e nos mais diversos domínios institucionais da sociedade, não se restringe, como seria de esperar, aos grupos de seus usuários; ao contrário, perpassa todos os segmentos sociais. Varia apenas a sua manifestação, em função do acesso diferenciado que esses grupos têm às normas que funcionam como um quadro referencial da correção e propriedade linguística. O cidadão erudito aprecia a língua culta, que por sinal é o seu meio natural de comunicação, mas o trabalhador braçal, a empregada doméstica, os milhões de iletrados também o fazem. Demonstram igualmente um sentimento positivo em relação à "boa linguagem", à linguagem daqueles que têm estudo. Uma evidência disso é que as lideranças políticas das nossas classes trabalhadoras se esmeram em falar um português escorreito em suas aparições públicas, no que nem sempre têm total sucesso em virtude de sua sociabilização ter ocorrido no âmbito das variedades populares. O prestígio associado ao português-padrão é sem dúvida um valor cultural arraigado, herança colonial consolidada nos nossos cinco séculos de existência como nação. Podemos e devemos questioná-lo, desmitificá-lo e demonstrar sua relatividade e seus efeitos perversos na perpetuação das desigualdades sociais, mas negá-lo, não há como.

Falta, na escola, uma pedagogia adequada ao desenvolvimento de práticas de letramento que, realmente, possibilitem aos alunos desenvolverem competência de leitura e escrita nas variedades cultas da língua. Essa carência resulta nas atitudes negativas em relação a sua própria competência de aprender essas variedades prestigiadas, problema ligado à avaliação, uma das tarefas que a Sociolinguística se propõe, sendo mesmo uma das suas questões fundadoras (Weinreich, Labov e Herzog, 1968/2006) e que precisa, portanto, ser mais estudada.

O estudo da avaliação implica o das atitudes, isto é, os julgamentos subjetivos dos falantes sobre o uso que eles próprios e seus interlocutores fazem de sua língua, ou mais especificamente, da variedade linguística que utilizam.

Ao estudo das atitudes linguísticas tem sido associado o das crenças. Distingo crenças de atitudes. As primeiras são mais facilmente reconhecidas no nível da consciência. Barcelos (2006: 18) assim conceitua:

> Entendo crenças, de maneira semelhante a Dewey, como uma forma de pensamento, como construções de realidade, maneiras de ver e perceber o mundo e seus fenômenos, coconstruídas em nossas experiências e resultantes de um processo interativo de interpretação e (re)significação. Como tal, crenças são sociais (mas também individuais), dinâmicas, contextuais e paradoxais.

Para Fishbein (1965), as crenças revelam a dimensão cognitiva e ativa do sujeito em relação ao objeto. Por isso se pode deduzir que as crenças dos alunos sobre a língua que falam e sobre a que a escola lhes quer ensinar são construídas ao longo do processo de ensino/aprendizagem, a partir do que lhes é oferecido nesse ambiente, somado, evidentemente, às suas experiências fora da escola. A participação do professor, nesse processo, é vital e, como não poderia deixar de ser, está muito ligada às suas próprias experiências e dificuldades em relação a esse trabalho.

De qualquer modo é das crenças que nascem as atitudes, de forma que, se é possível fazer o levantamento de um conjunto das crenças dos professores e dos alunos sobre questões relativas à língua, à linguagem, à variação e à aprendizagem linguística, então se poderá obter um sistema de crenças que pode explicar melhor as atitudes dos professores em relação à variedade linguística de seus alunos e, por conseguinte, a atitude desses alunos em relação ao seu próprio desempenho linguístico.

Procurando aprofundar o estudo dessa questão, realizamos pesquisa para investigar crenças e atitudes linguísticas de alunos de 9º ano do ensino fundamental da cidade mineira de Juiz de Fora (Cyranka, 2011) em relação à língua portuguesa, língua que falam e que estudam. Testes de crenças e de atitudes foram aplicados em alunos de cinco escolas, quatro públicas e uma particular. O critério de seleção dessas escolas foi a localização geográfica na cidade – bairros centrais/bairros mais ou menos periféricos/zona rural –, já que esse constituía um fator importante relativamente à variedade linguística dos moradores. Nos bairros centrais ou mais próximos do centro da cidade, esperava-se encontrar maior número de alunos provenientes de famílias de classe média, usuários de uma variedade mais próxima da linguagem urbana comum, ou mesmo que tivessem mais contato, ainda que indiretamente, com as variedades cultas. Ao contrário, quanto mais distanciados do centro urbano, mais familiarizados estariam com a variedade conhecida como *rurbana*

(Bortoni-Ricardo, 2004), intermediária entre a rural e a urbana, menos prestigiada. Na zona rural, esperava-se um contingente maior de falantes da variedade rural, menos prestigiada ainda.

O teste de crenças consistiu em questões fechadas, falso/verdadeiro. Responderam a ele todos os alunos do universo investigado, além dos 22 professores de Português dessas escolas e 33 alunos formandos do curso de Letras do 2º semestre de 2006, da UFJF. Foram apresentadas, no total, 25 assertivas categorizadas segundo as relações do sujeito: com a fala (Ex.: *Eu falo bem, Os adultos falam melhor que os jovens* etc.); com a escrita (Ex.: *Eu escrevo bem, Para escrever direito, deve-se aprender gramática* etc.); e entre fala e escrita (Ex.: *Quem já aprendeu a falar pode escrever qualquer tipo de texto, Saber falar bem é tão importante quanto saber escrever bem* etc.).

Para a construção do teste de atitudes, *matched guise*,[5] utilizei excertos de três entrevistas gravadas e que me foram concedidas por falantes posicionados em três diferentes pontos do contínuo rural/urbano: um da zona rural, analfabeto; um que poderia ser identificado como falante *rurbano*; e outro, como falante culto, professor da Faculdade de Educação da UFJF. As três entrevistas tratavam do mesmo tema. Após ouvirem cada um dos três excertos, os alunos atribuíam notas de 1 a 10 para avaliar esses falantes segundo as seguintes qualidades: inteligente, honesto, competente, simpático rico, boa pessoa.

Os resultados mostraram que todos os alunos, mesmo os provenientes de famílias de classe média, se sentem distanciados das variedades cultas. Nos testes, parece não fazerem distinção entre língua culta e norma-padrão, justamente aquela que a escola lhes pretende ensinar. Tanto uma quanto a outra estão associadas à dimensão de poder (adjetivos *inteligente, competente, rico*). Avaliam muito mais positivamente a variedade coloquial, na qual identificam mais fortemente a dimensão de solidariedade (adjetivos *honesto, simpático, boa* pessoa). Sentem-se, assim, divididos entre o dialeto que apreciam, isto é, o de seu grupo social, e a necessidade de aderirem ao padrão da escola, com o qual não se identificam, mas que acreditam ser o único certo. Esse conflito gera a resistência à adesão aos padrões linguísticos escolares, o que, sem dúvida, revela a atuação do prestígio encoberto atuando na totalidade dos alunos das escolas públicas e da escola particular em que foi realizada a pesquisa.

Quanto aos professores, que também responderam ao teste de crenças, mostraram-se desfavoráveis à variedade linguística de seus alunos. Número significativo deles acredita que é através do ensino da gramática que se aprende as variedades cultas. Portanto, tudo indica que, contraditoriamente, o que procuram é ensinar antes a norma padrão com seu conteúdo ideológico que já discutimos aqui, e não as variedades cultas. Como se pode deduzir, descrendo do valor inerente à variedade linguística de seus alunos, os professores acabam colaborando para que eles também descreiam de sua própria capacidade de se expressar com competência, segundo os padrões escolares esperados.

Urge, portanto, que se construa o que Faraco (2008) denominou uma pedagogia da variação linguística, tema que discutiremos a seguir.

Pedagogia da variação linguística. É possível?

Discutimos, até agora, o quadro metateórico em que se insere o problema colocado no início deste capítulo, isto é, a necessidade de a escola conseguir a adesão dos alunos ao processo de desenvolvimento de competências de leitura e de escrita, o que requer o cuidado, como dito anteriormente, de também levá-los a construir crenças e atitudes positivas sobre essa sua capacidade. Esse é, sem dúvida, o desafio.

A grande questão é que um trabalho sistemático dessa natureza, incluindo atividades didáticas a serem adotadas nas escolas ainda não existe, a não ser como orientação geral, como a que consta dos PCNs, 5ª a 8ª séries (p. 31), onde se lê:

> No ensino-aprendizagem de diferentes padrões de fala e escrita, o que se almeja não é levar os alunos a falar certo, mas permitir-lhes a escolha da forma de fala a utilizar, considerando as características e condições do contexto de produção, ou seja, é saber adequar os recursos expressivos, a variedade de língua e o estilo às diferentes situações comunicativas: saber coordenar satisfatoriamente o que fala ou escreve e como fazê-lo; saber que modo de expressão é pertinente em função de sua intenção enunciativa – dado o contexto e os interlocutores a quem o texto se dirige. A questão não é de erro, mas de adequação às circunstâncias de uso, de utilização adequada da linguagem.

Subsequentemente, o documento apresenta as orientações gerais.

Vários sociolinguistas brasileiros têm trazido reflexões muito seguras orientando os estudos nessa direção. Em sua obra *Educação em língua materna: a sociolinguística na sala de aula* (2004), dedicada especialmente a professores de português e alunos dos cursos de Letras e de Pedagogia, Bortoni-Ricardo propõe uma análise teórico-prática que sustente a reflexão na área que ela mesma inaugurou, a Sociolinguística Educacional, para tratar especificamente do fenômeno da variação e da mudança como parte do trabalho para pensar sobre a linguística na escola.

Ela apresenta, então, orientações para o professor, no seu olhar sobre as diferentes variedades da língua em uso, procurando fundamentar teoricamente a necessidade de se recusar a ideologia do certo e do errado em língua, em favor da adequação ao uso, segundo as condições de produção.

Também Faraco (2008: 182), como já foi lembrado, propõe que se construa uma pedagogia da variação linguística para que se consiga trabalhar essa proposta. Ele assim se expressa:

> Isso posto, cabe reiterar que nosso grande desafio, neste início de século e milênio, é reunir esforços para construir uma pedagogia da variação linguística que não escamoteie a realidade linguística do país [...]; não dê um tratamento anedótico ou estereotipado aos fenômenos da variação; localize adequadamente os fatos da norma culta/comum/standard no quadro amplo da variação e no contexto das práticas sociais que a pressupõem; abandone criticamente o cultivo da norma-padrão; estimule a percepção do potencial estilístico e retórico dos fenômenos da variação. Mas, acima de tudo, uma pedagogia que sensibilize as crianças e os jovens para a variação, de tal modo que possamos combater os estigmas linguísticos, a violência simbólica, as exclusões sociais e culturais fundadas na diferença linguística.

Já podemos, inclusive, contar com gramáticas que descrevem o português brasileiro (Perini, 2010; Castilho, 2010; Bagno, 2011), trabalhos que apontam para a necessidade de se lançar um olhar livre de preconceito em relação às estruturas realmente usadas no diálogo, na busca da produção de sentido entre falante/ouvinte, escritor/leitor. Perini (2010: 21) adverte:

> Para nós, "certo" é aquilo que ocorre na língua. É verdade que quase todo mundo tem suas preferências, detesta algumas construções, prefere a pronúncia de alguma região etc. Mas o linguista precisa manter uma atitude científica, com atenção constante às realidades da língua e total respeito por elas.

Sem pretender lembrar aqui tantos outros sociolinguistas brasileiros que têm construído propostas nesse sentido, citamos ainda Mattos e Silva (2002); Mollica (1998, 2007); Scherre (2005); Vieira e Brandão (2007); Vieira (2009a, b), Martins e Tavares (2013), que têm oferecido reflexões para o trabalho escolar com a linguagem numa perspectiva variacionista.

Em experiência vivenciada durante o período 2009-2011 em escola pública, utilizamos essas propostas com alunos de 5º, 6º e 7º anos do ensino fundamental, desenvolvendo projeto no grupo de pesquisa Fale (Formação de Professores, Alfabetização, Linguagem e Ensino), da Faculdade de Educação da UFJF, com o apoio da Fapemig. Propusemos, então, uma pesquisa-ação. Consideramos que a atuação direta do pesquisador é fundamental para a consecução do seguinte objetivo: verificar se é possível, a partir das reflexões sociolinguísticas, desconstruir o mito da homogeneidade linguística. Nossa pergunta fundadora foi, portanto, verificar se haveria eficácia numa ação assim orientada, para interferir na tradicional postura escolar que leva os alunos a construírem crenças negativas sobre sua variedade linguística e a dos grupos sociais a que pertencem, fazendo-os adotar apenas uma variedade urbana prestigiada da língua portuguesa.

Segundo Kemmis e McTaggart (1988), a pesquisa-ação se identifica por ser desenvolvida pelos próprios participantes envolvidos no processo, não por pesquisadores externos a ele; é colaborativa; propõe mudanças. Tem, portanto, um caráter eminentemente qualitativo, estando de acordo com a reflexão de Bortoni-Ricardo (2008: 42): "[...] é tarefa da pesquisa qualitativa de sala de aula construir e aperfeiçoar teorias sobre a organização social e cognitiva da vida em sala de aula, que é o contexto por excelência para a aprendizagem dos educandos".

Através da pesquisa-ação, pudemos investigar a viabilidade de se construir, de fato, uma pedagogia da variação linguística a ser aplicada, sistematicamente, em sala de aula, visando, principalmente, promover a educação linguística dos alunos. Disso resultaria a sustentação de sua boa autoestima e sua disposição em trabalhar, sob a orientação da escola, no desenvolvimento da própria competência de uso da língua portuguesa, cujo domínio já tinham na variedade coloquial – *rurbana* ou urbana –, mas que poderia ser ampliado para atingirem a competência também no uso das variedades cultas da língua. Descreveremos aqui algumas passagens do desenvolvimento dessa pesquisa-ação.

O trabalho contou, durante todo o período de sua realização, com a presença das professoras da disciplina Língua Portuguesa, que permaneciam em sala de aula. Havia também encontros semanais para discussão das atividades realizadas e planejamento das subsequentes.

As ações procuraram, como ponto de partida, levar os alunos a refletir sobre a linguagem como expressão de cultura, partindo de suas próprias vivências. Assim, associando informações de História e Geografia, construíram um mapa do multilinguismo mundial, fixando-se no português falado nos diversos continentes e, a seguir, no português brasileiro, no qual foram capazes de reconhecer diferenças dialetais, tanto no âmbito da fonética/fonologia, quanto no da morfossintaxe e do nível lexical. Como exemplo desse processo, transcrevemos vinheta que ilustra a tomada de consciência de aluno do 5º ano sobre um item da fonologia do português rural. (Indicamos o nome dos alunos pela inicial de seu nome; a pesquisadora, por P):

P: – Quem sabe me dar um exemplo de um jeito de falar de pessoas da zona rural?
L: – Abre a po[R]tera, muié, prus gado passá.
P: – Ótimo esse exemplo de L. Agora, me digam por que a gente sabe que esse jeito de falar é da roça?
L: – Eles fala por[R]tera.
F: – E fala [muié].
P: – E aqui na cidade, como é que a gente fala essa palavra?
L: – A gente fala [mulher].
P: – Ah! mu[lh]er], eles falam mu[ié]. Muito bem. Vocês se lembram de outras? Por exemplo, como na roça as pessoas falam a palavra [galho]?
G: – É ga[i]o, fessora.
P: – E [telha]?
F: – É te[i]a
P: – Então, como é que eles falam o [lh]?
L: – Eles num fala.

Consideramos avançada essa competência demonstrada em perceber um traço fonético/fonológico de um dialeto conhecido em oposição a outro, o que demonstra que a pedagogia da variação linguística pode levar os alunos a alcançarem níveis de reflexão antes não suspeitados.

É importante dizer que, para essa reflexão desenvolvida com os alunos, partimos, inicialmente, do contínuo rural/urbano (Bortoni-Ricardo, 2004), ilustrando-o no quadro-negro. Os alunos iam então, pouco a pouco, extraindo as implicações no seu uso linguístico, o que sempre conseguiam. O exemplo a seguir ilustra o momento em que intuíram a existência da variedade *rurbana*. O trabalho com a oposição rural/urbano tinha sido motivado através de um poema de Patativa do Assaré ("Sabiá e gavião") e outro de Olavo Bilac ("O pássaro cativo"). Lidos os dois poemas e, depois de compreendida a mensagem poética de ambos, a interação se centrou no "jeito de falar" de cada um dos poetas. Referindo-se ao primeiro poema, disseram:

M: – Parece que está notra língua, professora.
F: – Ele fala dum jeito mais divertido.
M: – Ele fala igual jeca.
P: – Vocês sabem falar desse jeito?
Y: – Eu sei, porque eu vim da roça. Ele fala [fioti]
T: – Professora, no meu bairro, tem gente que fala assim. Eles fala misturado.

Esse falar "misturado" passou depois a ser reconhecido como o falar *rurbano*, vocábulo que eles próprios deduziram a partir dos itens *rural* e *urbano*. Em momentos mais avançados, passaram a se posicionar dentro desse contínuo, bem como a reconhecer ali falas produzidas por indivíduos de seu grupo social e de outras esferas, como locutores de TV, e mesmo personagens da escola: professores, membros da gestão escolar etc. Também procuravam posicionar, nesse contínuo, textos levados à sala de aula para leitura e análise.

Ilustro ainda esse processo de reconhecimento com outra vinheta que apresenta a identificação de estrutura morfossintática própria do estilo monitorado que os alunos iam sendo levados a perceber, no presente caso, na modalidade escrita da língua.

Uma das sessões consistiu numa contação de histórias. Os alunos ouviram três contos, entre eles, "O Fogão de Ferro", de uma coletânea dos Irmãos Grimm (1963). A tradução é feita numa variedade linguística culta, que apresentava, frequentemente, estruturas morfossintáticas e léxico já bem distanciados do padrão contemporâneo do português brasileiro. Veja-se, por exemplo, o seguinte trecho:

> Ao raiar do dia, a princesa levantou-se, e a velha rainha tirou de sua grande caixa três agulhas e ofereceu-lhas para que as levasse consigo, dizendo que lhe seriam úteis porque ela teria que atravessar uma montanha de vidro, três espadas afiadas e um rio muito largo; se o conseguisse, encontraria seu amado.

Terminada a leitura desse conto, procuramos verificar os resultados alcançados relativamente à compreensão da história e constatamos que conseguiram entendê-la. Perguntamos, então, em que variedade linguística estava escrita.

L: – Eu acho que é urbano, porque tem muita palavra difícil.
P: – E você Camila, o que acha?
C: – Eu acho que é urbana, porque ele fala tudo certim.
H: – Eu acho que é rural, fessora, tem muito mato.
J: – Não é não, só porque tem floresta?
P: – Então, por que você acha que não é rural, J?
J: – Ah, professora, porque tem muito [lh]. E também porque a gente fala assim: "Eu *tinha* falado, eu *tinha* ido". E na história, fala "Eu *havia* falado, Eu *havia* ido".

Essas são constatações que demonstram quão produtiva é uma abordagem Sociolinguística Variacionista desde os primeiros anos da vida escolar, para os alunos irem se assegurando de que, em linguagem, diferença não constitui deficiência.

Durante o desenvolvimento do projeto, focalizamos também o contínuo oralidade/letramento, quando alguns gêneros orais foram trabalhados, sempre na perspectiva da variação. Com um deles, a entrevista, associamos também o processo de monitoração estilística, o terceiro dos contínuos focalizados no projeto. Os alunos assistiram a entrevistas gravadas, entrevistaram-se, entrevistaram um aluno do curso de Comunicação da UFJF, além de receberem, sobre esse gênero entrevista, instruções de um professor daquela Faculdade.

Observaram-se, ao longo dessa sequência, mudanças de atitude não apenas em relação à linguagem, mas também no que diz respeito às posturas físicas e atitudinais. Os alunos incluíram, em seu repertório, expressões de cortesia, mantinham-se eretos durante a entrevista, faziam reflexões avançadas ao avaliarem perguntas inadequadas, como as que consideravam indiscretas e não pertinentes ao contexto da entrevista, ou criticavam o entrevistador que perdia a postura com ataques de riso motivados por questões não inerentes ao tema da entrevista.

Essas mudanças de atitude, não apenas em relação à linguagem, mas incluindo posturas, nos remetem ao conceito de *habitus*. Em importante obra elaborada sobre as relações entre língua, cultura e sociedade, Hanks (2008: 36) utiliza dois conceitos de Bourdieu, que retomaremos aqui. O primeiro deles é o de *habitus*, assim explicitado:

> Em princípio, o *habitus* diz respeito à reprodução, na medida em que ele explica as regularidades imanentes à prática. O *habitus* explica a regularidade tendo como parâmetro a incorporação (*embedding*) do agente ao mundo social e o fato de os atores serem socialmente constituídos por orientações e formas de ação relativamente estáveis. [...] Através do *habitus*, o social fica impresso no individual, não apenas nos usos mentais, mas, sobretudo, nos usos corporais.

A constituição do *habitus* está ligada, explica o autor, à cotidianeidade do falante nas suas práticas sociais, o que acaba influenciando sua linguagem, seu modo de falar, os gestos que acompanham sua expressão linguística e seu empenho na comunicação. Pode-se deduzir que o *habitus* se corporifica de maneira automática, sem apoio em regras ou explicitações, mas vai se automatizando, como esquemas incorporados.

O outro conceito bourdieusiano atualizado por Hanks (2008: 43-4) é o de campo, assim explicado:

> Tal como definido na teoria da prática, um campo é uma forma de organização social que apresenta dois aspectos centrais: a) uma configuração de papéis sociais, de posições dos agentes e de estruturas às quais essas posições se ajustam; b) o processo histórico no interior do qual estas posições são efetivamente assumidas, ocupadas pelos agentes (individuais ou coletivos).

Nos campos, circulam valores como prestígio, reconhecimento e autoridade, mas também riqueza material e capital. Ao produzirem seu discurso, os falantes vão marcando sua posição nos diferentes campos sociais. Quando anteriormente dissemos que a constituição e expressão do *habitus* é automática, sem obediência a regras, ficou implícita, portanto, sua relação com essa noção de campo. Isso significa que, na verdade, como esclarece Hanks (2008: 44), "[...] os falantes são constituídos pelo campo".

Foi, portanto, interessante observar como é possível o trabalho da escola na ampliação dos horizontes culturais dos alunos, franqueando-lhes a entrada noutros espaços sociais marcados por linguagem, gestos e atitudes, não necessariamente melhores, mas diferentes e, frequentemente, exigidos nesses novos contextos. *Habitus* e *campo* fizeram sentido nesse contexto da pesquisa.

Também o debate regrado, outro dos gêneros orais trabalhados, ofereceu aos alunos importantes orientações sobre a seleção da variedade linguística a ser utilizada, abrindo-lhes o horizonte das possibilidades de alternância dos estilos de acordo com as condições de produção. Atividades interessantes foram realizadas sobre o tom de voz, a postura física, o uso de polidez como recurso necessário. Este último possibilitou pesquisa de estruturas linguísticas, feitas pelos próprios alunos entre os falantes de seu grupo social, além de seleção lexical para se obter esse efeito discursivo: modalizadores e itens lexicais específicos.

Nessas e em muitas outras atividades, a análise contrastiva de estruturas linguísticas nas diferentes variedades foi utilizada como estratégia, o que dava significado efetivo ao estudo da fonética/fonologia e da morfossintaxe.

Todas essas estratégias se desenvolveram sem dificuldade, o que nos levou a acreditar ser possível continuar trabalhando nessa direção ao longo de todos os anos escolares, nesse caso, comprovando a viabilidade de se construir, efetivamente, uma pedagogia da variação linguística.

O papel do professor e da escola

A adoção de uma pedagogia da variação linguística não pode, no entanto, prescindir da formação variacionista do professor. Cremos que pouco adianta que o livro didático lhe ofereça um roteiro a ser seguido se ele não tiver convicção fundamentada cientificamente nos estudos linguísticos, de modo a permitir-lhe transitar confortavelmente pela teoria e dela extrair as consequências em sua prática de sala de aula. São muitas as razões dessa condição necessária, entre elas, a dificuldade de vencer a fortíssima tradição de ensino a partir da simples descrição da norma-padrão da língua portuguesa, cuja artificialidade já discutimos no início deste capítulo.

Advogando a importância da formação do professor de língua portuguesa, Callou (2009: 14) adverte:

> Entende-se, desse modo, que a formação do professor de língua portuguesa, em qualquer nível, deva ser radicalmente modificada, passando a fundamentar-se no conhecimento, compreensão e interpretação das diferenças hoje – e sempre – existentes na escola, a fim de que haja uma mudança de atitude do professor diante das condições socioculturais e linguísticas dos alunos. Faz-se necessária também uma reformulação dos conteúdos e dos procedimentos de ensino da língua, que tem por objetivo o domínio da chamada norma culta, sem estigmatização, contudo, das variedades linguísticas adquiridas no processo natural de socialização.

Na pesquisa referida, pudemos constatar o entusiasmo das professoras regentes das salas, acompanhando as ações que iam sendo implementadas, não apenas como observadoras, mas também como participantes das sessões de planejamento e avaliação. Procuravam duplicar aquelas ações nas demais turmas em que lecionavam, porque passavam a perceber o efeito no processo de educação linguística daqueles alunos alvo desse estudo. Em fase subsequente do projeto, no entanto, quando lhes coube a condução das atividades, grandes eram as dificuldades a serem vencidas, porque se sentiam presas à sequência didática do livro em que estava programada a descrição desta ou daquela classe de palavras, com as subclassificações e regras de uso etc. Não se sentiam seguras para utilizar aquelas outras propostas que ultrapassavam a simples descrição centrada em critérios puramente abstratos e situá-los em contextos de produção da língua viva dentro da realidade linguística dos alunos. Passavam a sentir necessidade de "fazer um mestrado"...

Nesse sentido, Mattos e Silva (2004: 114-5) orienta:

> Se o professor tiver uma formação sociolinguística adequada, o que acontecerá com uma minoria, terá de trabalhar com a variação da sintaxe nas suas aulas e saber, na maioria das vezes de maneira intuitiva e tentativa, já que não há materiais prontos para isso, definir o que será o uso linguístico socialmente aceitável para que seus alunos não fracassem no curso de sua futura vida profissional em nossa sociedade. Assim, entre as variantes sintáticas em convívio nas falas brasileiras, o professor terá de distinguir, pelo menos, as estruturalmente mais salientes e socialmente mais estigmatizadas, para, sem desprestigiar as segundas, selecionar ambas, a fim de treinar o uso formal falado e os usos escritos de seus alunos. Aí está a grande contribuição que a sociolinguística sobre o português brasileiro poderá dar para uma efetiva virada no ensino da língua portuguesa no Brasil.
> Seria este talvez, um dever patriótico: o conhecimento e o reconhecimento, na escola, da realidade do português brasileiro.

Para conseguir desenvolver crenças positivas e adotar atitudes também positivas em relação ao vernáculo de seus alunos, seja da variedade rural, da variedade *rurbana* ou mesmo da variedade urbana no estilo coloquial, os professores precisam estar sustentados por uma reflexão teórica suficiente. Precisam se tornar também pesquisadores e aprender a encontrar soluções novas a partir do que propõem as teorias linguísticas. Devem ser sensíveis à questão do perigoso distanciamento entre o padrão escolar e a realidade sociocultural de seus alunos, estando aí incluídos seu dialeto e o de sua comunidade linguística. Em vez de investir na valorização pura da norma-padrão, reconhecer nela a ideologia pela qual, certamente, estarão também afetados. Devem ser capazes de responder à tradição e trilhar pelos caminhos novos que lhes são oferecidos pelas perspectivas abertas pela Sociolinguística Educacional. Precisam reconhecer que seus alunos são usuários competentes de um sistema complexo que eles próprios adquiriram naturalmente e com o qual são capazes de atuar em seu meio social.

À escola cabe levá-los a ampliar esses recursos. Se me refiro à escola como um todo, é porque considero ser essa tarefa não apenas do professor da disciplina Português. É claro que a ele cabem certas especificidades, mas os professores das demais disciplinas têm que ter seu olhar voltado também para essa questão da linguagem e da necessidade de levar os alunos a desenvolver o conceito de adequação, porque eles também lidam com o texto científico, sempre vazado na variedade culta da língua. Também com esses professores os alunos dialogam e precisam ter sua linguagem respeitada.

Essas reflexões incluem ainda os demais agentes escolares, gestores, especialistas de todas as categorias. Todos eles fazem parte da comunidade escolar e participam do mesmo processo educativo e formador de crianças, adolescentes e jovens competentes, felizes, respeitados e respeitadores.

Considerações finais

Neste capítulo, foi nosso objetivo trazer à discussão o papel da escola na construção de crenças e atitudes positivas dos alunos em relação ao uso que fazem de seu vernáculo, condição indispensável para que se empenhem no trabalho de ampliar essa competência, tornando-se também competentes no uso das variedades cultas da língua que, indiscutivelmente, gozam de prestígio e, por isso mesmo, tornam-se exigência nas instâncias formais das atividades de letramento.

Esta é, sem dúvida, uma grande responsabilidade social e política da escola, porque é pela língua que o homem constrói sua identidade e se posiciona nos grupos em que atua. Retomo Bakhtin (2006: 117, grifo do autor):

> Toda palavra serve de expressão a *um* em relação ao *outro*. Através da palavra, defino-me em relação ao outro, isto é, em última análise, em relação à coletividade. A palavra é uma espécie de ponte lançada entre mim e os outros. Se ela se apoia sobre mim numa extremidade, na outra apoia-se sobre meu interlocutor. A palavra é o território comum do locutor e do interlocutor.

Portanto, a escola e a sociedade não podem, em primeiro lugar, deixar de reconhecer a legitimidade do vernáculo utilizado por quem quer seja; não podem, por outro lado, negar ou dificultar o acesso do aluno ao domínio das variedades linguísticas que ele desconhece. Para cumprir esse mandato, a escola precisa buscar os instrumentos requeridos. A formação do professor, e não apenas o de Português, em Sociolinguística é condição indispensável. Dessa responsabilidade não pode se eximir também a gestão escolar, já que a linguagem perpassa todas as ações na sociedade, sejam elas quais forem.

Podemos considerar que, nesse sentido, a experiência a que aludimos, neste capítulo, com a pedagogia da variação linguística demonstrou que ela é possível.

Notas

[1] Parte dessas reflexões desta seção está contida na tese de doutorado intitulada *Atitudes linguísticas de alunos de escolas públicas de Juiz de Fora/MG* (UFF, 2007), construída sob orientação da saudosa Prof. Dr. Claudia Roncarati e recentemente publicada no livro *Dos dialetos populares à variedade culta*: a Sociolinguística na escola. Curitiba: Appris, 2011.

[2] One might think that the pattern is the result of school teaching or the conscious imitation of radio announcers. This may be true for some part of the variation, but there are several reasons to believe that the main transmission route is in the wider community.

[3] A noção de prestígio encoberto foi proposta por Labov (1972a), para explicar o desejo do falante de manter sua identidade no interior de seu grupo social.

[4] Utilizaremos, a partir deste ponto, preferencialmente, a expressão no plural, variedades cultas, devido aos vários aspectos aí implicados (Faraco, 2008: 51-8).

[5] Essa modalidade de teste e sua história estão descritas em Cyranka (2011).

Bibliografia

ABAURRE GNERRE, M. B. "Processos fonológicos segmentais como índices de padrões prosódicos diversos nos estilos formal e casual do português do Brasil". *Cadernos de Estudos Linguísticos* (Unicamp). 1981, pp. 23-43.

ABAURRE, M. B. M. Língua oral, língua escrita: interessam, à linguística, os dados da aquisição da representação escrita da linguagem? *Atas do IX Congresso Internacional da Associação de Linguística e Filologia da América Latina*. Campinas: IEL/Unicamp, 1993.

ABREU, M. T. V. *Elementos conjuntivos*: sua variação em narrativas orais e escritas. Rio de Janeiro, 1992. Dissertação (Mestrado em Linguística) – Faculdade de Letras, Universidade Federal do Rio de Janeiro.

AMADO, J. *Jubiabá*. São Paulo: Companhia das Letras, 2008.

AQUINO, M. F. *A ditongação na comunidade de João Pessoa*: uma análise variacionista. Paraíba, 1998. Dissertação (Mestrado) – Universidade Federal da Paraíba.

_____. Uso variável do ditongo em contexto de sibilante. In: HORA, D. (org.) *Estudos sociolinguísticos*: perfil de uma comunidade. Santa Maria: Pallotti, 2004.

AVELAR, J. Gramática, competição e padrões de variação: casos com ter/haver e de/em no português brasileiro. *Revista Estudos Linguísticos*. Belo Horizonte, v. 14, n. 2, 2006. pp. 99-143.

BAGNO, M. *Gramática pedagógica do português brasileiro*. São Paulo: Parábola, 2011.

_____. *Nada na língua é por acaso*: por uma pedagogia da variação linguística. São Paulo: Parábola, 2007.

_____. *Português ou brasileiro?* Um convite à pesquisa. 3. ed. São Paulo: Parábola, 2002.

_____. *Preconceito linguístico*: o que é, como se faz. São Paulo: Loyola, 2001.

BAKHTIN, M. M. (V. N. Volochínov). *Marxismo e filosofia da linguagem*: problemas fundamentais do método sociológico da linguagem. São Paulo: Hucitec, 2006.

BARCELOS, Ana Maria Ferreira; ABRAHÃO, Maria Helena Vieira. *Crenças e ensino de língua*: foco no professor, no aluno e na formação de professores. Campinas: Pontes, 2006.

BARROS, Diana Luz Pessoa de. A propósito do conceito de discurso urbano oral culto: definições e imagens. In: PRETI, D. (org.). *O discurso oral culto*. São Paulo: Humanitas/FFLCH/USP, 1997, pp. 29-43.

BAXTER, A. N; LUCCHESI, D. A relevância dos processos de pidginização e crioulização na formação da língua portuguesa no Brasil. *Estudos Linguísticos e Literários*. Salvador, n. 19, pp. 65-84.

BERLINCK, R. de A.; DUARTE, M. E. L; OLIVEIRA, M. de. Predicação. In: KATO, M. A.; NASCIMENTO, M. do. (orgs.). *Gramática do português culto falado no Brasil*. vol. *III*: A construção da sentença. Campinas: Editora da Unicamp, 2009, pp. 97-188.

BISOL, L. *Harmonização Vocálica*: uma restrição variável. Rio de Janeiro, 1981. Tese (Doutorado) – Universidade Federal do Rio de Janeiro.

BOJUNGA, L. *O meu amigo pintor*. 7. ed. Rio de Janeiro: José Olympio, 1992.

BORTONI-RICARDO, S. M. *O professor-pesquisador:* introdução à pesquisa qualitativa. São Paulo: Parábola, 2008.

_____. Compreensão da leitura: da palavra ao texto. In: GUIMARÃES, E.; MOLLICA, M. C. (orgs.). *A palavra*: forma e sentido. Campinas: Pontes, 2007, v. 1, pp. 99-107

_____. Métodos de alfabetização e consciência fonológica: o tratamento de regras de variação e mudança. *Scripta –* Revista do Programa de Pós-Graduação em Letras e do Centro de Estudos Luso-afro-brasileiros da PUC Minas. v. 9, n. 18, 2006, pp. 201-20.

_____. *Nós cheguemu na escola, e agora?* São Paulo: Parábola, 2005, pp. 39-52.

_____. *Educação em língua materna:* a sociolinguística na sala de aula. São Paulo: Parábola, 2004.

_____. *Do campo para a cidade*: estudo sociolinguístico de migração e redes sociais. São Paulo: Parábola, 2011. Tradução ampliada e comentada de Bortoni-Ricardo, *The Urbanization of Rural Dialect Speakers*: a Sociolinguistic Study in Brazil, CUP, 1985.

_____; MACHADO, V. R.; CASTANHEIRA, S. F. *Formação do professor como agente letrador*. São Paulo: Contexto, 2010.

BRAGA, M. L. *A concordância de número no sintagma nominal no triângulo mineiro*. Rio de Janeiro, 1977. Dissertação (Mestrado) – Pontifícia Universidade Católica do Rio de Janeiro.

BRANDÃO, S. F.; OLIVEIRA, M. T. I. de. Pesquisa e ensino da língua: contribuições da Sociolinguística. *Anais do II Simpósio Nacional do GT de Sociolinguística da Anpoll*, 23 out. 1995, UFRJ. Rio de Janeiro: Timing/UFRJ, 1996.

_____; VIEIRA, S. R. Ensino de língua materna: variação e gramática. In: ASSIS, R. (org.). *Estudos da língua portuguesa (e de todas as línguas que fazem a nossa)*. Belém: Unama, 2009, v. 6, pp. 67-86. (Coleção Linguagens II).

_____. "A concordância nominal e verbal no português do Brasil e no português de São Tomé: uma abordagem sociolinguística". *Papia* 22 (1). 2012, pp. 7-39.

BRASIL. *Guia de livros didáticos*: PNLD 2012/Língua Portuguesa. Brasília: Ministério da Educação, Secretaria de Educação Básica, 2011.

_____. *Guia de livros didáticos*: PNLD 2011/ Língua Portuguesa. Brasília: MEC/SEB, 2010.

_____. *Guia de livros didáticos*: PNLD 2010/Letramento e Alfabetização/Língua Portuguesa. Brasília: Ministério da Educação, Secretaria de Educação Básica, 2009.

_____. *Guia de livros didáticos*: PNLD 2011/Língua Portuguesa. Brasília: Ministério da Educação, Secretaria de Educação Básica, 2010.

_____. *Parâmetros curriculares nacionais de língua portuguesa para o 3º e 4º ciclos do ensino fundamental*. Brasília: Ministério da Educação, 1999.

_____. *Parâmetros curriculares nacionais:* língua portuguesa. Brasília: MEC/Secretaria de Educação Fundamental, 1998.

_____. *Parâmetros curriculares nacionais:* língua portuguesa. Brasília: MEC/SEF, 1997.

_____. *Parâmetros curriculares nacionais*: 3º e 4º ciclos do ensino fundamental/Língua Portuguesa. Brasília: MEC/SEF, 2002.

_____. *Orientações curriculares para o ensino médio*. Linguagens, códigos e suas tecnologias. Brasília: MEC/SEF, 2006, v. 1.

BRESCANCINI, C. *A palatalização da fricativa alveolar não morfêmica em posição de coda no português de influência açoriana do município de Florianópolis*: uma abordagem não linear. Florianópolis, 1996. Dissertação (Mestrado) – Universidade Federal de Santa Catarina.

_____. *A fricativa palato-alveolar e sua complexidade*. Porto Alegre, 2002. Tese (Doutorado) – Pontifícia Universidade Católica do Rio Grande do Sul.

CABREIRA, S. H. *A monotongação dos ditongos orais decrescentes em Curitiba, Florianópolis e Porto Alegre*. Porto Alegre, 1996. Dissertação (Mestrado) – Pontifícia Universidade Católica do Rio Grande do Sul.

CALLOU, Dinah. Gramática, variação e normas. In: VIEIRA, Sílvia Rodrigues; BRANDÃO, Sílvia Figueiredo. *Ensino de gramática*: descrição e uso. São Paulo: Contexto, 2009, pp. 14-29.

CALLOU, D. Estruturas com "ter" e "haver" em anúncios do século XIX. In: ALKMIM, T. *Para a história do português brasileiro*. São Paulo: Humanitas-USP, 2002, v. III, pp. 47-68.

_____; MORAES, J. *A variação de /s,r/ em posição final de sílaba e os dialetos brasileiros*. 1994. Mimeo.

_____; AVELAR, F. "Ter" and "Haver" in the History of Portuguese: the Appearance of "Ter" in Existential Environments. Comunicação apresentada no NWAVE 32, na Universidade da Pensilvânia, out./2003.

_____; LEITE, Y. "As vogais petônicas no falar carioca". *Estudos Linguísticos e Literários*. Salvador, v. 5, n.1, 1986.

CASTILHO, A. T. de. *Nova gramática do português brasileiro*. São Paulo: Contexto, 2010.

CEREJA, W. R. MAGALHÃES, T. C. *Português*: linguagens, 5ª série. São Paulo: Atual, 1998.

_____. *Português*: linguagens, 6º ano. 5ª ed. reform. São Paulo: Atual, 2009.

CHAMBERS, Jack K. *Sociolinguistic Theory*: Linguistic Variation and its Social Significance. Cambridge: Basil Blackwell, 1995.

COELHO, P. *O tratamento da variação linguística no livro didático de Português*. Brasília, 2007. Dissertação (Mestrado) – Universidade de Brasília.

CONTOS E LENDAS DOS IRMÃOS GRIMM. Trad. Íside M. Bonini. São Paulo: Edigraf, 1963, v. 2. (Coleção completa).

CORRÊA, C. *Cliticização pronominal na região metropolitana do Rio de Janeiro*: a interface sintaxe-fonologia. Rio de Janeiro, 2012. Dissertação (Mestrado em Língua Portuguesa) – Universidade Federal do Rio de Janeiro.

CUMMINS, J. Bilinguism, Language Proficiency and Metalinguistic Development. In: HOMEL, P. et al. (Orgs.) *Childhood Bilinguism*. London: Lawrence Erlbaum Associates Publishers, 1987, pp. 57-74.

CYRANKA, Lucia F. Mendonça. *Dos dialetos populares à variedade culta*. A Sociolinguística na escola. Curitiba: Appris, 2011.

_____. *Dos dialetos populares à variedade culta*: a sociolinguística na escola. Curitiba: Appris, 2011.

CYRINO, S. *O objeto nulo no português do Brasil*: um estudo sintático-diacrônico. Londrina: Editora da UEL, 1997.

_____. O objeto nulo nas cartas de leitores publicadas na imprensa brasileira do século XIX. In: RAMOS, J.; ALKMIM, M. (orgs.). *Para a história do português brasileiro*. v. V: Estudos sobre mudança linguística e história social. Belo Horizonte: Fale/UFMG, 2007, pp. 265-297.

_____. Anáfora do complemento nulo na história do português brasileiro. In: LOBO, T.; RIBEIRO, I.; CARNEIRO, Z.; ALMEIDA, N. (orgs.). *Para a história do português brasileiro*. Salvador: EDUFBA, 2006, v. VI, t. I, pp. 45-71.

_____. Complementos nulos em anúncios de jornal do século XIX. In: ALKMIM, T. (org.). *Para a história do português brasileiro*. v. III: novos estudos. São Paulo: Humanitas; Fapesp, 2002, pp. 221-45.

_____; NUNES, J.; PAGOTTO, E. Complementação. In: KATO, M. A.; NASCIMENTO, M. do. (orgs). *Gramática do português culto falado no Brasil*. vol. III: A construção da sentença. Campinas: Editora da Unicamp, 2009, pp. 47-96.

DUARTE, M. E. L. Clítico acusativo, pronome lexical e categoria vazia no português do Brasil. In: TARALLO, F. (org.). *Fotografias sociolinguísticas*. Campinas: Editora da Unicamp, 1989, pp. 19-34.

_____. O papel da sociolinguística na descrição da gramática da escrita contemporânea. In: MARTINS, M. A.; TAVARES, M. A. (orgs.) *Contribuições da sociolinguística e da linguística histórica para o ensino de língua Portuguesa*. Natal: EDUFRN, 2013, pp. 115-40.

_____. "O sujeito de referência indeterminada em sentenças infinitivas". *Revista do GEL*, v. 5, n. 1, pp. 9-30, 2008.

_____. Sobre outros frutos de um projeto herético: o sujeito expletivo e as construções de alçamento. In: CASTILHO, A. et al. (org.). *Descrição, história e aquisição do português brasileiro*. Campinas: Pontes/Faperj, 2007a, pp. 35-48.

_____. "Sujeitos de referência definida e arbitrária: aspectos conservadores e inovadores na fala e na escrita padrão". *Linguística*. Revista do Programa de Pós-graduação em Linguística. UFRJ, v. 3, n. 1, 2007b, pp. 89-115.

_____. A evolução na representação do sujeito pronominal em dois tempos. In: DUARTE; M. E. L.; PAIVA, M. C. de P. M. (orgs.). *Mudança linguística em tempo real*. Rio de Janeiro: Contra Capa, 2003, pp. 115-28.

_____. *A perda do Princípio Evite pronome no português brasileiro*. Campinas, 1995. Tese (Doutorado) – Universidade Estadual de Campinas.

_____. Do pronome nulo ao pronome pleno: a trajetória do sujeito no português do Brasil. In: ROBERTS, I.; KATO, M. (orgs.). *Português brasileiro:* uma viagem diacrônica. Campinas: Editora da Unicamp, 1993, pp. 107-28.

DUARTE, M. E.; MOURÃO, G.; SANTOS, H. Os sujeitos de terceira pessoa: revisitando Duarte 1993. In: DUARTE, M. E. (org.). *O sujeito em peças de teatro (1833-1992):* estudos diacrônicos. São Paulo: Parábola, 2012, pp. 21-44

_____; RAMOS, J. M. Uma fotografia sociolinguística da realização dos clíticos acusativo, dativo e reflexivo e suas formas variantes na fala brasileira. In: MARTINS; M. A; ABRAÇADO, J. (orgs.). *Mapeamento sociolinguístico do português brasileiro:* teoria, descrição e análise. São Paulo: Contexto, no prelo.

ESPIGA, J. Alofonina de /l/ no sul do Rio Grande do Sul: aspectos fonéticos e fonológicos. In: HORA, D. da; COLLISCHON, G. *Teoria linguística:* fonologia e outros temas. João Pessoa: Editora Universitária, 2003, pp. 251- 90.

FARACO, C. A. *Norma culta brasileira:* desatando alguns nós. São Paulo: Parábola, 2008.

_____. Norma padrão brasileira: desembaraçando alguns nós. In: BAGNO, M. (org.). *Linguística da norma*. São Paulo: Parábola, 2002, pp. 37-61.

_____. "O tratamento *você* em português: uma abordagem histórica". In: *Fragmenta 13,* Publicação do Curso de Pós-Graduação em Letras da UFPR. Curitiba, Editora da UFPR, 1996.

FISHBEIN, M. A Consideration of Beliefs, Attitudes and their Relationships. In: STEINER, I. D. *Current Studies in Social Psychology*. New York: Holt, Rhinehart and Winston, 1965, pp. 107-20.

FREIRE, G. C. Considerações sobre o ensino de clíticos. *Anais do SIELP*. Uberlândia: Edufu, v. 1, n. 1, pp. 377-84, 2011.

_____. *Os clíticos de terceira pessoa e as estratégias para sua substituição na fala culta brasileira e lusitana*. Rio de Janeiro, 2000. Dissertação (Mestrado) – Faculdade de Letras, Universidade Federal do Rio de Janeiro.

_____. *A realização do acusativo e do dativo anafóricos de terceira pessoa na escrita brasileira e lusitana*. Rio de Janeiro, 2005. Tese (Doutorado) – Faculdade de Letras, Universidade Federal do Rio de Janeiro.

FREITAG, R. M. K. "Estratégias gramaticalizadas de interação na fala e na escrita: marcadores discursivos revisitados". *ReVEL*. v. 7, n. 13, 2009, pp. 1-15.

_____. "Mudar para variar, variar para mudar: tratando da variação e mudança de *acho (que)* e *parece (que)* parentéticos epistêmicos na fala de Florianópolis". *Fórum Linguístico*. Florianópolis, v. 4, 2007, pp. 81-113.

_____. "O uso de *tá?* e *certo?* na fala de Santa Catarina". *Working Papers em Linguística*. Florianópolis, v. 5, 2001a, pp. 25-41.

_____. Estratégias de modalização epistêmica na fala dos florianopolitanos: *talvez* vs. *eu acho que*. In: 4º Encontro do Círculo de Estudos Linguísticos do Sul, Curitiba. *Anais do 4º Celsul*, 2001b, pp. 770-3.

GALVES. C. "Gramática do português brasileiro". *Línguas e Instrumentos Linguísticos*. Campinas, Pontes, n. 1, 1998, pp. 79-94.

GARVIN, Paul, L.; MATHIOT, Madeleine. A urbanização da língua guarani: um problema em linguagem e cultura. In: FONSECA, Maria Stella V.; NEVES, Moema F. (orgs.). *Sociolinguística*. Rio de Janeiro: Eldorado, 1974, pp. 119-28.

GNERRE, Maurizio. *Linguagem, escrita e poder*. 3. ed. São Paulo: Martins Fontes, 1994.

GOMES, C. A. Embedded Processes in Dative Alternation: a Comparative Study about Three Contemporary Varieties of Portuguese. NWAVE 28. Toronto, Canadá, 1999. Mimeo.

GÖRSKI, E. M.; COELHO, I. L. Variação linguística e ensino de gramática. *Working Papers em Linguística*, v. 10, 2009, pp. 73-91.

_____. *Sociolinguística e ensino:* contribuições para a formação do professor de língua. Florianópolis: Editora da UFSC, 2006.

_____; FREITAG, R. M. K. Marcação e comportamento sociolinguístico de marcadores discursivos interacionais na fala de Florianópolis. In: VANDRESEN, P. (org.). *Variação, mudança e contato linguístico no português da região sul*. Pelotas: Educat, 2006, pp. 28-48.

_____. et al. Fenômenos discursivos: resultados de análises variacionistas como indícios de gramaticalização. In: RONCARATI, C.; ABRAÇADO, J. (orgs.). *Português brasileiro*: contato linguístico, heterogeneidade e história. Rio de Janeiro: 7Letras, 2003, pp. 106-22.

_____; TAVARES, M. A. Conectores sequenciadores em sequências expositivas/argumentativas na fala e na escrita: subsídios para o ensino. *Tela* (Textos em Linguística Aplicada). Pelotas: Educat, 2003.

GOULART, M. *A escravidão africana no Brasil*. São Paulo: Alfa-Omega, 1975.

GRACIOSA, D. *Concordância verbal na fala culta carioca*. Rio de Janeiro, 1991. Dissertação (Mestrado) – Faculdade de Letras, Universidade Federal do Rio de Janeiro.

GUY, G. R. *Linguistic Variation in Brazilian Portuguese: Aspects of the Phonology, Syntax, and Language History*. 1981. Ph.D. (Thesis) – University of Pennsylvania.

HANKS, William. *Língua como prática social*: das relações entre língua, cultura e sociedade a partir de Bourdieu e Bakhtin. Trad. Anna Cristina Bentes et al. São Paulo: Cortez, 2008.

HORA, D. da. Reanálise da consoante em final de palavra: coda ou ataque de núcleo vazio? In: RONCARATI, C.; ABRAÇADO, J. (orgs.). *Português brasileiro II*: contato linguístico, heterogeneidade e história. Niterói: EdUFF, 2008.

_____. Variação fonológica: consoantes em coda silábica. In: TRAVAGLIA, L. C. (org.). *Encontro na linguagem*: estudos linguísticos e literários. Uberlândia: Edufu, 2006.

_____; PEDROSA, J. L. R. Reanálise da consoante em final de palavra: coda ou ataque de núcleo vazio? In: RONCARATI, C.; ABRAÇADO, J. (orgs.). *Português brasileiro II*: contato linguístico, heterogeneidade e história. Niterói: EdUFF, 2008, pp. 79-92.

_____; _____. (orgs.). *Corpus do Projeto Variação Linguística no Estado da Paraíba (VALPB)*. João Pessoa: Ideia, 2001.

HYMES, D. On Comunicative Competence. In: PUGH, A. K.; LEE, V. V. J.; SWANN, J. (orgs.) *Language and Language Use*. London: Heinemann, 1966, pp. 89-104.

KATO, M. A. A gramática nuclear e a Língua-I do brasileiro. In: MARTINS, M. A. (org.). *Gramática e ensino*. Natal: EDUFRN, 2013, pp. 149-64.

_____. A gramática do letrado: questões para a teoria gramatical. In: MARQUES, M. A. et al. (orgs.). *Ciências da linguagem*: trinta anos de investigação e ensino. Braga: Cehum (Universidade do Minho), 2005, pp. 131-45.

_____. "Variação sintática e estilo". *Cadernos de Estudos Linguísticos*. Campinas, 22, 1992, pp. 127-37.

_____. Português brasileiro falado: aquisição em contexto de mudança linguística. *Actas do Congresso Internacional sobre o Português*. Lisboa: APL e Colibri, 1996.

_____; NASCIMENTO, M. do. (orgs.). *Gramática do português culto falado no Brasil*. vol. III: A construção da sentença. Campinas: Unicamp, 2009.

KEMMIS, S.; MCTAGGART, R. (eds.). *The Action Research Planner*. Melbourne: Deakin University, 1988.

LABOV, W. *Padrões sociolinguísticos*. Trad. M. Bagno, M. M. Pereira Scherre e C. R. Cardoso. São Paulo: Parábola, 2008.

_____. Ordinary Events. In: THORNBORROW, J.; COATES, J. (eds.). *The Sociolinguistics of Narrative*. Amsterdam: John Benjamins, 2004, pp. 31-43.

_____. *Sociolinguistic Patterns*. Philadelphia: University of Pennsylvania Press, 1972a.

_____. *Language in the Inner City*. Philadelphia: University of Pennsylvania Press, 1972b.

_____. The Community as Educator. In: LANGE, J. *Language and literature*. Norwood, NJ: Abvlex, 1987.

LEIRIA, L. L. *A ditongação variável em sílabas tônicas finais travadas por /s/*. Porto Alegre, 1995. Dissertação (Mestrado) – Pontifícia Universidade Católica do Rio Grande do Sul.

LEMLE, M. Heterogeneidade dialetal: um apelo à pesquisa. In: LOBATO, L. (ed.). *Linguística e ensino do vernáculo*. Rio de Janeiro: Tempo Brasileiro, 1978.

_____. *Guia teórico do alfabetizador*. São Paulo: Ática, 1988.

LOPES, C. R. dos S. Tradição e inovação: indícios do sincretismo entre segunda e terceira pessoas nas cartas dos avós. In: _____. (org.). *Norma brasileira em construção*: fatos linguísticos em cartas pessoais do século XIX. Rio de Janeiro: Pós-Graduação em Letras Vernáculas/Faperj, 2005, pp. 45-66.

_____. Pronomes pessoais. In: VIEIRA, S. R.; BRANDÃO, S. F. (orgs.). *Ensino de gramática*: descrição e uso. São Paulo: Contexto, 2009a, pp. 103-19.

_____. Retratos da mudança no sistema pronominal: o tratamento carioca nas primeiras décadas do século XX. In: CORTINA, A.; NASSER, S. M. G. da C. (orgs.). *Sujeito e linguagem*: Araraquara: Cultura Acadêmica, 2009b, v. 17, pp. 47-74. (Série Trilhas Linguísticas).

_____. *A inserção de* "a gente" *no quadro pronominal do português:* percurso histórico. Rio de Janeiro, 1999. Tese (Doutorado) – Universidade Federal do Rio de Janeiro.

_____; CAVALCANTE, S. R. de O. "A cronologia do voceamento no português brasileiro: expansão de você-sujeito e retenção do clítico-*te*". *Revista Linguística*. Santiago de Chile, v. 25, jun. 2011 pp. 30-65. Disponível em: <http://www.linguisticalfal.org/25_linguistica_030_065.pdf>. Acesso em: 2 jan. 2013.

_____; MACHADO, A. C. Tradição e incenação: indícios do sincretismo entre a segunda e a terceira pessoas nas cartas das avós Ottoni. In: LOPES, C. R. S. (org.). *A norma brasileira em construção*: fatos linguísticos em cartas pessoais do século XIX. Rio de janeiro, UFRJ, Pós-graduação em letras vernáculas: FAPERJ, 2005.

_____; MARCOTULIO, L. L. O tratamento a Rui Barbosa. In: BARBOSA, A.; CALLOU, D. (orgs.). *A norma brasileira em construção*: cartas a Rui Barbosa (1866 a 1899). Rio de Janeiro: Fundação Casa de Rui Barbosa, 2011, pp. 265-92.

LUCCHESI, D. Aspectos gramaticais do português brasileiro afetados pelo contato entre línguas; uma visão de conjunto. In: RONCARATI, C.; ABRAÇADO, J. (orgs.). *Português brasileiro II:* contato linguístico, heterogeneidade e história. Niterói: EdUFF, 2008.

_____. O conceito de transmissão linguística irregular e o processo de formação do português do Brasil. In: RONCARATI, C; ABRAÇADO, J. (orgs.) *Português brasileiro*: contato linguístico, heterogeneidade e história. Rio de Janeiro: Faperj/7 Letras, 2003, pp. 272-84.

MACHADO, A. C. M. *O uso e a ordem dos clíticos na escrita de estudantes da cidade do Rio de Janeiro*. Rio de Janeiro, 2002. Dissertação (Mestrado) – Faculdade de Letras, Universidade Federal do Rio de Janeiro.

MACHADO-VIEIRA, M. dos S.; SARAIVA, E. S. A concordância de número em estruturas passivas pronominais no português brasileiro. In: CESTERO, A. M.; MOLINA, I.; PAREDES, F. *Documentos para el XVI Congreso Internacional de la Alfal*. Alcalá de Henares: Universidad de Alcalá, 2011.

MAIA, J. D. *Português*: volume único. São Paulo: Ática, 2000.

_____. *Português*: volume único. 2. ed. São Paulo: Ática, 2011.

MANINI, D. *A gramática e os conhecimentos linguísticos em livros didáticos de língua portuguesa para o ensino fundamental II (5ª a 8ª séries)*. Campinas, 2009. Dissertação (Mestrado) – Unicamp.

MARCUSCHI, L. A. *Da fala para a escrita*: atividades de retextualização. 6. ed. São Paulo: Cortez, 2005.

_____. *Fala e escrita*: uma visão não dicotômica. *XVIII Jornada de Estudos Linguísticos do Nordeste*. Universidade Federal da Bahia, 4 a 6 set. 2000.

MARTINS, M. A. Sobre (a necessidade de) o ensino de gramática: explorando aspectos da sintaxe do sujeito no português brasileiro. In: MARTINS, M. A. (org.). *Gramática e ensino*. Natal: EDUFRN, 2013a, pp. 187-205.

_____. (org.) *Gramática e ensino*. Natal: EDUFRN, 2013b.

_____; TAVARES, M. A. (orgs.). *Contribuições da Sociolinguística e da Linguística Histórica para o ensino de língua portuguesa*. Natal: EDUFRN, 2013.

MASSINI-CAGLIARI, G.; CAGLIARI, L. C. *Diante das letras*: a escrita na alfabetização. Campinas: Mercado das Letras, 2005.

MATTOSO CÂMARA JR., J. *Estrutura da língua portuguesa*. Petrópolis: Vozes, 1970.

_____. *História e estrutura da língua portuguesa*. Rio de Janeiro: Padrão, 1975.

_____. *Manual de expressão oral e escrita*. 4. ed. Petrópolis: Vozes, 1977.

MATTOS E SILVA, Rosa Virgínia. *Contradições no ensino de português*: a língua que se fala x a língua que se ensina. 5. ed. São Paulo: Contexto, 1996/2002.

_____. *O português são dois*: novas fronteiras, velhos problemas. São Paulo: Parábola, 2004.

MELO, G. C. *A língua do Brasil*. Rio de Janeiro: Fundação Getúlio Vargas, 1946.

MILROY, James. Ideologias linguísticas e as consequências da padronização. In: LAGARES, Xoán Carlos; BAGNO, Marcos (orgs.). *Políticas da norma e conflitos linguísticos*. Trad. Marcos Bagno. São Paulo: Parábola, 2011.

MOLLICA, M. C. M. *Fala, letramento e inclusão social*. São Paulo: Contexto, 2007.

_____. *Da linguagem coloquial à escrita padrão*. Rio de Janeiro: 7Letras, 2003.

_____. *Influência da fala na alfabetização*. Rio de Janeiro: Tempo Brasileiro, 1998.

MONARETTO, V. de O. *A vibrante*: representação e análise sociolinguística. Porto Alegre, 1992. Dissertação (Mestrado em Letras) – Instituto de Letras, Universidade Federal do Rio Grande do Sul.

_____. *Um reestudo da vibrante*: análise variacionista e fonológica. Porto Alegre, 1997. Tese (Doutorado) – Pontifícia Universidade Católica do Rio Grande do Sul.

MONGUILHOT, I. *A variação na concordância verbal na fala do PB e do PE*. Florianópolis, 2009. Tese (Doutorado) – Universidade Federal de Santa Catarina.

MONTEAGUDO, Henrique. Variação e norma linguística: subsídios para uma (re)visão. In: LAGARES, Xoán Carlos; BAGNO, Marcos (orgs.). *Políticas da norma e conflitos linguísticos*. Trad. Marcos Bagno. São Paulo: Parábola, 2011.

MOURA, E. S. de V. *Se inicia oração com pronome clítico? Atitudes linguísticas, na escola, em relação aos padrões brasileiros de colocação pronominal*. Natal, 2013. Dissertação (Mestrado) – Programa de Pós-Graduação em Estudos da Linguagem, Universidade Federal do Rio Grande do Norte.

MENON, O. P. da S. "O sistema pronominal do português do Brasil". *Letras*. Curitiba, n. 44, 1995, pp. 91-106.

NARO, A. J.; SCHERRE, M. M. *Origens do português popular do Brasil*. São Paulo: Parábola, 2007.

_____. *The History of E and O in Portuguese: a Study in Linguistic Drift*. Language, 47(3), 1971, pp. 615-45.

NEVES, M. H. de M. *Texto e gramática*. São Paulo: Contexto, 2006.

_____. *Que gramática estudar na escola? Norma e uso na língua portuguesa*. São Paulo: Contexto, 2003.

_____. *Gramática na escola*. São Paulo: Contexto, 1990.

NUNES, C. da S. *Um estudo sociolinguístico sobre a ordem dos clíticos em complexos verbais no PB e no PE*. Rio de Janeiro, 2009. Dissertação (Mestrado) – Faculdade de Letras, Univerdidade Federal do Rio de Janeiro.

NUNES, J. Direção de cliticização, objeto nulo e pronome tônico na posição de objeto em português brasileiro. In: KATO, M.; ROBERTS, I. (orgs.). *Português brasileiro*: uma viagem diacrônica. Campinas: Unicamp, 1993, pp. 207-20.

OLIVEIRA, F. de. *A gramática da linguagem portuguesa*. Introdução, leitura atualizada e notas por Mª L. C. Buescu. Lisboa: Imprensa Nacional, Casa da Moeda, 1975 [1536].

OLIVEIRA, L. *Coisas que todo professor de português precisa saber:* a teoria na prática. São Paulo: Parábola, 2010.

OLIVEN, R. G. *Urbanização e mudança no Brasil*. Petrópolis: Vozes, 1982.

OMENA, N. P. de. *Pronome pessoal de terceira pessoa*: suas formas variantes em função acusativa. Rio de Janeiro, 1978. Dissertação (Mestrado) – Pontifícia Universidade Católica do Rio de Janeiro.

PAGOTTO, E. G. "Norma e condescendência; ciência e pureza". *Línguas e Instrumentos Linguísticos*. Campinas, Pontes, jul./dez. 1998, pp. 49-68.

PAIVA, M. Conceição. Supressão das semivogais nos ditongos decrescentes. In: MOLLICA, M. C.; BRAGA, M. L. (orgs.). *Introdução à sociolinguística*: o tratamento da variação. São Paulo: Contexto, 2003, pp. 33-50.

PEDROSA, J. L. R. *Análise do /s/ pós-vocálico no português brasileiro*: coda ou onset com núcleo foneticamente vazio? João Pessoa, 2009. Tese (Doutorado) – Universidade Federal da Paraíba.

PEREIRA, R. C. M. *As vogais médias pretônicas na fala do pessoense urbano*. João Pessoa, 1997. Dissertação (Mestrado) – Universidade Federal da Paraíba.

_____. A harmonização vocálica e a variação das médias pretônicas. In: HORA, D. (org.). *Estudos sociolinguísticos*: perfil de uma comunidade. Santa Maria: Pallotti, 2004.

PERINI, Mário A. *Gramática do português brasileiro*. São Paulo: Parábola, 2010.

_____. *Sofrendo a gramática*. São Paulo: Ática, 2003.

_____. *Para uma gramática do português*. São Paulo: Ática, 1995.

PETERSON, M. S. *A ordem dos clíticos pronominais em lexias verbais simples e complexas em cartas de leitor*: uma contribuição da sociolinguística variacionista. Rio de Janeiro, 2010. Dissertação (Mestrado) – Faculdade de Letras, Universidade Federal do Rio de Janeiro.

PRETI, Dino. A propósito do conceito de discurso urbano oral culto: a língua e as transformações sociais. In: _____. (org.). *O discurso oral culto*. São Paulo: Humanitas/FFLCH/USP, 1997, pp. 17-27.

RIBEIRO, S. R. *Apagamento da sibilante final em lexemas*: uma análise variacionista do falar pessoense. João Pessoa, 2006. Dissertação (Mestrado) – Universidade Federal da Paraíba.

ROCHA LIMA, C. H. da. *Gramática normativa da língua portuguesa*. 36. ed. Rio de Janeiro: José Olympio, 1998. [1972]

ROCHA, M. do R. C. *O processo de apropriação de língua na modalidade escrita*: um estudo sociolinguístico longitudinal. Brasília, 2012. Tese (Doutorado) – Universidade de Brasília.

_____; MARTINS, C. *Usos e reflexões*. Paenea, no prelo 2012.

RODRIGUES, A. L. A ordem dos clíticos pronominais em textos escolares produzidos no Rio de Janeiro: uma análise sociovariacionista. In: ZYNGIER, S.; VIANA, V.; SILVEIRA, N. (eds.). *Ver & visualizar*: letras sob o prisma empírico. Rio de Janeiro: Publit, 2008, pp. 93-106.

RODRIGUES-COELHO, A. L. *A ordem dos clíticos pronominais*: uma análise sociolinguística da escrita escolar do Rio de Janeiro. Rio de Janeiro, 2011. Dissertação (Mestrado em Língua Portuguesa) – Faculdade de Letras, Universidade Federal do Rio de Janeiro.

RODRIGUES, S. O português não padrão no universo de livros didáticos do ensino médio: posições discursivas. Cuiabá, 2010. Dissertação (Mestrado) – Universidade Federal do Mato Grosso.

ROJO, R.; MOURA, E. (orgs.). *Multiletramentos na escola*. São Paulo: Parábola, 2012.

ROST-SNICHELOTTO, C. A. *OLHA e VÊ*: caminhos que se entrecruzam. 2009. Tese (Doutorado em Linguística) – Programa de Pós-Graduação em Linguística, Universidade Federal de Santa Catarina.

SCHERRE, M. M. P. A regra de concordância nominal de número no sintagma nominal em português. Rio de Janeiro, 1978. Dissertação (Mestrado) – Pontifícia Universidade Católica do Rio de Janeiro.

_____. *Doa-se lindos filhotes de poodle*: variação linguística, mídia e preconceito. São Paulo: Parábola, 2005.

_____. et al. Usos dos pronomes você, cê, ocê e tu no português brasileiro falado: sínteses e reflexões. In: MARTINS; M. A; ABRAÇADO, J. (orgs.). *Mapeamento sociolinguístico do português brasileiro*: teoria, descrição e análise. São Paulo: Contexto, no prelo.

_____; OLIVEIRA E SILVA, G. M. *Padrões sociolinguísticos*. Rio de Janeiro: Tempo Brasileiro, 1996.

SCLIAR-CABRAL, L. *Princípios do sistema alfabético do português do Brasil*. São Paulo: Contexto, 2003.

_____. Definição da política linguística no Brasil. *Boletim da Abralin*, v. 23, 1999, pp. 7-17.

SILVA, F. O processo de monotongação em João Pessoa. In: HORA, D. (org.). *Estudos sociolinguísticos*: perfil de uma comunidade. Santa Maria: Pallotti, 2004.

_____. *O processo de monotongação em João Pessoa*. João Pessoa, 1997. Dissertação (Mestrado) – Universidade Federal da Paraíba.

SILVA, G. M. O.; MACEDO, A. T. Análise sociolinguística de alguns marcadores conversacionais. In: MACEDO, A. T.; RONCARATI, C.; MOLLICA, M. C. (orgs.). *Variação e discurso*. Rio de Janeiro: Tempo Brasileiro, 1996, pp. 11-50.

SILVA, M. B. de. *As pretônicas na fala baiana*: a variedade culta de Salvador. Rio de Janeiro, 1989. Tese (Doutorado) – Universidade Federal do Rio de Janeiro.

SILVA, M. da G. Taveiro. *Letramento e linguagem em escola rural no Maranhão*. Brasília, 2012. Tese (Doutorado) – Universidade de Brasília.

SILVA NETO, S. da. *Introdução ao estudo da língua portuguesa no Brasil*. Rio de Janeiro: Presença, [1950]1977.

SILVA, W. P. B. *Conectores sequenciadores E e AÍ em contos e narrativas de experiência pessoal escritos por alunos de ensino fundamental*: uma abordagem sociofuncionalista. Natal, 2013. Dissertação (Mestrado em Estudos da Linguagem) – Programa de Pós-Graduação em Estudos da Linguagem – Universidade Federal do Rio Grande do Norte.

SILVEIRA, G. "A realização variável do objeto indireto (dativo) na fala de Florianópolis". *Letras de Hoje*. v. 35, n. 1, 2000, pp. 189-207.

SOUSA, M. A. F. de. *A alfabetização e o letramento de jovens, adultos e idosos sob a ótica da sociolinguística educacional*. Brasília, 2010. Tese (Doutorado) – Universidade de Brasília.

SOUZA, C. N. R. *Cadeias do texto*: construindo sentidos. São Paulo: Parábola, 2010.

TAGLIAMONTE, S. A. Discourse/Pragmatic Features. *Variationist Sociolinguistics*: Change, Observation, Interpretation. Cambridge: Wiley-Blackwell, 2012, pp. 247-78.

TARALLO, F. Diagnosticando uma gramática brasileira: o português d'aquém e d'além-mar ao final do século XIX. In: ROBERTS, I.; KATO, M. A. (orgs.). *Português brasileiro*: uma viagem diacrônica. 2. ed. Campinas: Editora da Unicamp, 1996.

_____. *Relativization Strategies in Brazilian Portuguese*. Philadelphia, 1983. Tese (Doutorado) – University of Pennsylvania.

TASCA, M. *A lateral em coda silábica no sul do Brasil*. Porto Alegre, 1999. Tese (Doutorado em Linguística Aplicada) – Pontifícia Universidade Católica do Rio Grande do Sul.

TAVARES, M. A. *A gramaticalização de E, AÍ, DAÍ e ENTÃO*: variação e mudança em uma perspectiva sociofuncionalista. Natal: EDUFRN, 2014.

_____. Gramática na sala de aula: o olhar da sociolinguística variacionista. In: MARTINS, M. A.; TAVARES, M. A. (orgs.). *Contribuições da sociolinguística e da linguística histórica para o ensino de língua portuguesa*. Natal: EDUFRN, 2013, pp. 91-112.

TRUDGILL, Peter. *Sociolinguistics*: an Introduction. Middlesex, England: Penguin Books, 1974.

VALLE, C. R. M. *Sabe? ~ não tem? ~ entende?*: requisitos de apoio discursivo em variação na fala de Florianópolis. Florianópolis, 2001. Dissertação (Mestrado em Linguística) – Programa de Pós- Graduação em Linguística, Universidade Federal de Santa Catarina.

VEIGA, J. E. *Cidades imaginárias*. Campinas: Autores Associados, 2002.

VIANA, J. B. de S.; LOPES, C. R. dos S. Para um panorama do processo de substituição de nós por a gente no português brasileiro. In: MARTINS; M. A; ABRAÇADO, J. (orgs.). *Mapeamento sociolinguístico do português brasileiro:* teoria, descrição e análise. São Paulo: Contexto, no prelo.

VIEIRA, S. R. "Variação linguística, texto e ensino". *Revista (Con)textos Linguísticos,* Revista da Pós-graduação em Estudos Linguísticos. Vitória, Ufes, n. 3, 2009, pp. 53-75.

_____. *Concordância verbal*: variação em dialetos populares no Norte fluminense. Rio de Janeiro, 1995. Dissertação (Mestrado) – Faculdade de Letras, Universidade Federal do Rio de Janeiro.

_____. *Colocação pronominal nas variedades europeia, brasileira e moçambicana*: para a definição da natureza do clítico em Português. Rio de Janeiro, 2002. Tese (Doutorado) – Faculdade de Letras, Universidade Federal do Rio de Janeiro.

_____. O contínuo oralidade-escrita no português do Brasil: o caso da colocação pronominal. In: *Memorias del XIV Congreso Internacional de Alfal*. Monterrey: Universidad Autónoma de Nuevo León, 2005, v. 1.

_____. Colocação pronominal e concordância verbal: para que, o que e como ensinar. *XXI Jornada de Estudos Linguísticos.* João Pessoa: Paraíba, 2006, pp. 2733-44.

_____; BRANDÃO, S. F. *Ensino de gramática*: descrição e uso. 2. ed. São Paulo: Contexto, 2011 [2007].

_____; NUNES, C. da S.; BARBOZA, H. N. A. *A ordem dos clíticos pronominais nos textos escolares*: um estudo sociolinguístico. Trabalho apresentado ao VI Encontro do Celsul. Florianópolis, Universidade Federal de Santa Catarina, 2004.

WEINREICH, U.; LABOV, W.; HERZOG, M. *Fundamentos empíricos para uma teoria da mudança linguística*. Trad. Marcos Bagno. São Paulo: Parábola, 2006 [1968].

Os organizadores

Marco Antonio Martins é doutor e mestre em Linguística pela Universidade Federal de Santa Catarina, com estágio de doutorado no Centro de Linguística da Universidade Nova de Lisboa. É professor da Universidade Federal do Rio Grande do Norte e atua no Programa de Pós-graduação em Estudos da Linguagem e no Mestrado Profissional em Letras (PROFLETRAS). Coordena o Projeto de História do Português Brasileiro no Rio Grande do Norte (PHPB-RN). Presidente do Grupo de Estudos Linguísticos do Nordeste – Gelne (biênio 2012-2014), coordenou o GT de Sociolinguística da Anpoll (biênios 2010-2012 e 2012-2014) e o foi vice-presidente da Associação Brasileira de Linguística – Abralin (biênio 2011-2013). Atualmente, desenvolve pesquisas e orienta estudos sobre fenômenos morfossintáticos em variação/mudança no português brasileiro, correlacionados ao sistema pronominal e à ordenação de constituintes, e sobre ensino de gramática. Tem organizado e publicado obras, e, regularmente, artigos em periódicos e capítulos de livros na área.

Silvia Rodrigues Vieira é doutora e mestre pela Universidade Federal do Rio de Janeiro, professora-pesquisadora Faperj (Edital Jovem Cientista 2011), atua no Programa de Pós-graduação em Letras Vernáculas na área de Língua Portuguesa e no Mestrado Profissional em Letras (PROFLETRAS). Com base no aporte teórico-metodológico da Sociolinguística Variacionista, tem desenvolvido e orientado estudos diversos sobre temas morfossintáticos – concordância verbal, ordem dos clíticos pronominais, dentre outros – e sobre ensino de gramática/variação. Além da publicação de diversos capítulos de livros e artigos científicos, organizou, com

Silvia F. Brandão, o livro *Ensino de gramática: descrição e uso* (Contexto). Coordenadora de Projeto de Cooperação Internacional (Alfal 21) e integrante do GT de Sociolinguística da Anpoll, tem atuado produtivamente em eventos de âmbito nacional e internacional.

Maria Alice Tavares é doutora em Linguística pela Universidade Federal de Santa Catarina e é professora associada I do Departamento de Letras da Universidade Federal do Rio Grande do Norte e da Pós-graduação em Estudos da Linguagem da mesma instituição. É integrante do Grupo de Pesquisa Estabilidade, Variação e Mudança Linguística e vice-coordenadora do GT de Sociolinguística da Anpoll (biênio 2012-2014). Seus temas de interesse de pesquisa são: sociofuncionalismo, sociolinguística comparativa, variação, gramaticalização e socioestilística. Tem vários artigos e capítulos de livro publicados, além de organizações de obras em coautoria.

Os autores

Stella Maris Bortoni-Ricardo é formada em Letras/Português e Inglês pela Universidade Católica de Goiás, tendo cursado o primeiro ano no Lake Erie College, em Ohio, EUA; tem mestrado em Linguística pela Universidade de Brasília e doutorado em Linguística pela Universidade de Lancaster. Fez estágio de pós-doutorado na Universidade da Pensilvânia. Professora bolsista Fulbright na Universidade do Texas em Austin (1978-1979). É professora titular emérita de Linguística da UnB. Atualmente atua como docente e pesquisadora na Faculdade de Educação daquela universidade e como orientadora no doutorado em Linguística. Tem experiência na área de Sociolinguística, com ênfase em Educação e Linguística, atuando principalmente nos seguintes temas: formação de professores, educação em língua materna, letramento, alfabetização e etnografia de sala de aula. Suas publicações mais recentes podem ser acessadas em <www.stellabortoni.com.br>.

Maria do Rosário Rocha é professora e pesquisadora do Instituto Federal de Brasília e da Secretaria de Educação do Distrito Federal. Possui doutorado em Linguística na Universidade de Brasília – UnB – atuando principalmente nos seguintes temas: letramento e alfabetização, analfabetismo, analfabetismo funcional, usos sociais da escrita, analfabetismo absoluto e analfabetismo no Brasil e educação a distância. É formadora de professores em alfabetização e linguagem na educação continuada e a distância e em cursos de pós-graduação.

Juliene Lopes Pedrosa possui graduação em Letras pela Universidade Federal da Paraíba, mestrado em Língua Portuguesa pelo Programa de Pós-Graduação em Letras da UFPB e doutorado em Linguística pelo Programa de Pós-Graduação em Linguística da mesma universidade. Realizou estágio de doutoramento na Concordia University, Montreal, Canadá, em 2008. Foi professora, de 2001 a 2008, na Universidade Estadual da Paraíba – *Campus* III. Atualmente é professora da Universidade Federal da Paraíba. Tem experiência na área de Linguística, atuando, especificamente, em fonética-fonologia, variação linguística e ensino de língua portuguesa. Coordena a área de Língua e Linguística do Departamento de Letras Clássicas e Vernáculas da UFPB e o Mestrado Profissional em Linguística e Ensino da mesma instituição.

Gilson Costa Freire é graduado em Letras pela Universidade do Estado do Rio de Janeiro (UERJ), com mestrado e doutorado em Letras Vernáculas pela Universidade Federal do Rio de Janeiro (UFRJ). Trabalhou por dez anos como professor efetivo do ensino fundamental nas redes municipais do Rio de Janeiro e de Duque de Caxias, passando também pela Secretaria de Estado da Educação do Rio de Janeiro como professor efetivo do ensino médio. Atualmente é professor adjunto no Departamento de Letras e Comunicação da Universidade Federal Rural do Rio de Janeiro (UFRRJ), onde atua na formação de professores de Língua Portuguesa. Tem como objeto de pesquisa a variação e a mudança sintática relacionadas ao sistema pronominal do português brasileiro em comparação com o português europeu, nas modalidades falada e escrita, focalizando a redução do quadro de clíticos de terceira pessoa e as estratégias para sua substituição.

Ricardo Joseh Lima fez mestrado e doutorado em Linguística pela Universidade Federal do Rio de Janeiro e é professor adjunto da Universidade do Estado do Rio de Janeiro. Inicialmente, atuou na área da Afasiologia Linguística, tendo orientado dissertações de mestrado dentro dessa temática. Recentemente, voltou seu interesse para sua formação inicial na graduação, a área da Sociolinguística. Por coordenar um Programa de Extensão na UERJ, sua atuação se concentra em divulgar em escolas e na internet temas relacionados a essa área, como o preconceito linguístico.

Lucia Cyranka é professora da área de Linguagem, na graduação e na pós-graduação, da Faculdade de Educação da Universidade Federal de Juiz de Fora (MG). É membro do grupo de pesquisa Fale (Formação de Professores, Alfabetização, Linguagem e Ensino) da mesma instituição, sendo também pesquisadora da Anpoll, GT de Sociolinguística. Suas investigações estão concentradas na área da Sociolinguística Educacional, tema dos artigos publicados, capítulos de livros, periódicos e anais de congressos e de seu primeiro livro.

LEIA TAMBÉM

MANUAL DE SOCIOLINGUÍSTICA

Stella Maris Bortoni-Ricardo

Existe uma única forma de falar "certo"? Nesse caso, qual seria? Costumamos achar que "o outro" fala errado, com sotaque, cantando, esquisito. É bom que todos saibam que existe uma área do saber que estuda essas variações da língua com rigor científico. Trata-se da Sociolinguística.

Neste livro, a professora Stella Maris Bortoni-Ricardo, uma das grandes sociolinguistas do país, apresenta ao leitor brasileiro um guia introdutório sobre essa ciência, abrangendo todas as vertentes da Sociolinguística contemporânea, com ênfase nos seus estágios formativos e nas relações entre eles.

Com exemplos e exercícios ao fim dos capítulos, a obra foi escrita para todos, mas sobretudo para professores e alunos dos cursos de Letras, em suas diversas habilitações, seja em língua portuguesa ou em línguas estrangeiras.

Uma obra que faltava. Um livro indispensável.

CADASTRE-SE
EM NOSSO SITE,
FIQUE POR DENTRO DAS NOVIDADES
E APROVEITE OS MELHORES DESCONTOS

LIVROS NAS ÁREAS DE:

História | Língua Portuguesa
Educação | Geografia | Comunicação
Relações Internacionais | Ciências Sociais
Formação de professor | Interesse geral

ou
editoracontexto.com.br/newscontexto

Siga a Contexto
nas Redes Sociais:
@editoracontexto